Trotzdem

O irrealizável
Por uma política da ontologia

Trotzdem 13

Giorgio Agamben
O irrealizável – Por uma política da ontologia

© Editora Âyiné, 2024
© Giulio Einaudi editore s.p.a., Torino, 2022
Todos os direitos reservados

Tradução
Vinícius Nicastro Honesko

Preparação
Lívia Lima

Revisão
Andrea Stahel

Projeto gráfico
Federico Barbon Studio

Diagramação
Luísa Rabello

ISBN
978-65-5998-094-9

Direção editorial
Pedro Fonseca

Coordenação editorial
Sofia Mariutti

Coordenação de comunicação
Amabile Barel

Direção de arte
Daniella Domingues

Assistente de design
Gabriela Forjaz

Conselho editorial
Simone Cristoforetti
Zuane Fabbris
Lucas Mendes

Praça Carlos Chagas, 49. 2° andar.
Belo Horizonte 30170-140

+55 31 3291-4164
www.ayine.com.br
info@ayine.com.br

O irrealizável
Por uma política da ontologia

Tradução
Vinícius Nicastro Honesko

Giorgio Agamben

Sumário

9   Nota do tradutor
11   Advertência

---

13   O irrealizável. Limiar
29   I. *Res*
55   II. A existência de Deus
91   III. O possível e o real

---

121   A antiga selva.
       Khôra Espaço Matéria
123   I. *Silva*
133   II. *Khôra*
175   III. *Steresis*
187   IV. *Sensorium Dei*

---

203   Apêndice. Aula para concurso de professor associado
219   Bibliografia
225   Índice onomástico

Nota do tradutor

A maioria das citações de outras línguas presentes no livro foram traduzidas do texto de Agamben, tendo em vista que, na maior parte das vezes, o autor optou por traduzir as citações do original, mesmo com edições italianas disponíveis. Nesse sentido, apontamos em nota de rodapé, quando existentes, as referências às traduções ao português, as quais foram utilizadas tanto para cotejamento quanto, em alguns casos, diretamente em nossa tradução. No que diz respeito às citações de clássicos latinos e gregos, Agamben opta por fazê-las de códigos e edições críticas nas línguas originais, portanto não cita as edições nem nas notas nem nas referências bibliográficas. Por fim, no apêndice «Aula para concurso de professor associado», o autor não inclui nenhuma referência em nota de rodapé, de modo que nossa opção foi, mais uma vez, traduzir diretamente os textos, mas sem indicar as traduções ao português.

Advertência

Os dois textos que compõem este livro são autônomos, mas o segundo — como várias vezes já aconteceu ao autor — nasceu, de modo mais ou menos consciente, para aprofundar e desenvolver o tema ao qual o primeiro se dedicava. A doutrina, enfrentada no primeiro ensaio, sobre a possibilidade como conhecimento não de um objeto mas de uma cognoscibilidade, corresponde, no segundo, à leitura da *khôra* platônica, do espaço-matéria como experiência de uma pura receptividade sem objeto. Os textos podem, portanto, ser lidos em continuidade, como duas tentativas de restituir o pensamento à sua «coisa». A filosofia não é uma ciência nem uma teoria a ser realizada, mas uma possibilidade já perfeitamente real, e, como tal, irrealizável. A política que se atém a essa possibilidade é a única política verdadeira.

O irrealizável

Limiar

1. O verbo «realizar» aparece tardiamente nas línguas românicas: no italiano, não antes do século XVIII, como tradução do francês *réaliser*. A partir de então, no entanto, ele se torna, progressivamente, cada vez mais frequente, não apenas no vocabulário da economia e da política, como, sobretudo na diátese reflexiva, no da experiência pessoal. Leopardi, que também adverte contra o abuso dos francesismos no italiano, serve-se várias vezes do termo e de seus derivados, em particular para o tema, ao qual com frequência retorna, das ilusões («a sociedade humana», escreve no *Zibaldone*, 680, «é de fato carente de coisas que as ilusões realizam porquanto são realizáveis»). E, se na modernidade a política e a arte definem a esfera em que as ilusões agem com mais força, não surpreende que justamente nesses âmbitos o léxico da realização encontre seu maior desdobramento.

2. É comum atribuir a Marx a ideia de uma realização da filosofia na política. Na verdade, a interpretação das passagens da introdução à *Crítica da filosofia do direito de Hegel*, na qual ele parece enunciar essa tese, é tudo menos certa. Ele a formula uma primeira vez como objeção a um «partido político prático» igualmente mal identificado que reivindicava a negação da filosofia: «Não podeis suprimir (*aufheben*) a filosofia», escreve ele, «sem realizá-la (*verwirklichen*)».[1] Pouco

---
[1] Marx, *Crítica da filosofia do direito de Hegel*, trad. Rubens Enderle e Leonardo de Deus. São Paulo: Boitempo, 2010, p. 150.

depois, contra os representantes do partido oposto, ele acrescenta que estes acreditaram «poder realizar a filosofia sem suprimi-la». E, depois de ter definido o proletariado como a dissolução de todos os estamentos, conclui a introdução com a afirmação peremptória, que liga a realização da filosofia e a abolição do proletariado num círculo: «a filosofia não pode se realizar se o proletariado não é abolido (*Aufhebung*) e o proletariado não pode ser abolido se a filosofia não se realiza».[2]

Antes ainda, nas notas à dissertação sobre a *Diferença entre a filosofia da natureza de Demócrito e Epicuro*, discutida em Jena em 1841, Marx havia escrito que, quando a filosofia procura realizar-se no mundo, «o devir filosófico do mundo é, simultaneamente, o devir mundano da filosofia, e seu realizar-se é ao mesmo tempo seu perder-se (*ihre Verwirklichung zugleich ihr Verlust*)».[3] Dado que Marx não pretendia aí simplesmente retomar a dialética hegeliana como tal, o que poderia significar para ele uma revolução que teria verificado as duas teses simétricas «abolir e realizar a filosofia» e «abolir e realizar o proletariado» por certo não é algo evidente. E é jogando com essa falha na clareza que Adorno pôde abrir sua dialética negativa, afirmando que «a filosofia, que um dia pareceu ultrapassada, mantém-se viva porque se perdeu o instante de sua realização».[4] Quase como se, se não tivesse perdido tal momento, ela já não existisse e, ao se realizar, tivesse se abolido. Mas o que significa «realizar-se»? E o que significa «perder a própria realização»? Nós usamos esse termos como se seu sentido fosse evidente — mas, assim que tentamos defini-lo, ele nos escapa e se revela opaco e contraditório.

---

2 *Ibid.*, p. 157.
3 Marx, 1968, p. 73 (ed. bras., p. 58).
4 Adorno, *Dialética negativa*, trad. Marco Antonio Casanova. Rio de Janeiro: Jorge Zahar, 2009, p. 11.

3. Na *Fenomenologia do espírito*, os dois termos alemães para realização, *Verwirklichung* e *Realisierung*, aparecem, respectivamente, 49 e 19 vezes, e o verbo *realisieren*, cerca de vinte vezes. Ainda mais frequente são os dois vocábulos para «realidade»: 68 ocorrências para *Wirklichkeit* e 110 para *Realität*. Como foi observado, essa frequência não é casual, mas estes são termos técnicos com plenos direitos.[5]

A experiência da consciência que está em questão na *Fenomenologia* implica um contínuo processo de realização, a qual, no entanto, é a cada vez pontualmente defeituosa ou faltante. Que se trate da certeza sensível (por meio da qual a realidade que esta crê afirmar «abole sua verdade» e «diz o contrário do que quer dizer»), da «dialética da força» («A realização da força é, ao mesmo tempo, perda da realidade»), da consciência natural (por meio da qual «a realização do conceito vale sobretudo como sua perda»), da cultura (na qual «o Si é consciente de ser real apenas como Si abolido»), da bela alma (cuja realização «desaparece numa vazia nebulosidade») ou da consciência infeliz («sua realidade é imediatamente seu nada»), a realização é também sempre perda e abolição de si. Cada uma das figuras nas quais o espírito se realiza em seu movimento se abole para dar lugar a outra figura, que, por sua vez, se suprime em outra até chegar à última, que é o «saber absoluto» (*das absolute Wissen*). Mas, assim como o espírito é apenas esse movimento de incessante autorrealização, sua «última figura» (*lezte Gestalt*) só pode ter a forma de uma lembrança em que o espírito «abandona sua existência e confia sua figura à recordação», uma espécie de «galeria de imagens, cada

---

5 Gauvin, *passim*.

O irrealizável

uma dotada com a riqueza total do espírito».[6] Na recordação, «o espírito em sua imediatez deve recomeçar novamente do início seu movimento e ingenuamente tirar dessa figura sua grandeza, como se tudo aquilo que precede fosse perdido para ele». O saber absoluto (isto é, o espírito «que conhece a si mesmo como espírito») não é uma «realidade», e sim a contemplação de uma incessante «realização», cuja realidade deve por isso ser a cada vez desmentida e se mostrar na recordação apenas como a «espuma da própria infinidade». A realização é a negação mais radical da realidade, porque, se tudo é realização, então a realidade é algo insuficiente, que deve ser incessantemente abolido e superado, e a figura última da consciência só poderá ter a forma de uma realização da realização (este é o saber absoluto). Contra essa concepção, é preciso lembrar que a realidade não é o efeito de uma realização, mas um atributo inseparável do ser. O real, como tal, é por definição irrealizável.

4. É singular que, quase um século depois, Debord retome a fórmula marxiana remetendo-a, dessa vez, não à filosofia mas à arte. Ele reprova nos dadaístas o fato de terem desejado abolir a arte sem realizá-la e nos surrealistas o de terem desejado realizar a arte sem aboli-la. Os situacionistas, pelo contrário, pretendem realizar a arte e, ao mesmo tempo, aboli-la.

O verbo, que no texto marxiano traduzimos por abolir, é o mesmo — *aufheben* — que, com seu duplo significado, desempenha um papel essencial na dialética de Hegel, qual seja: abolir, fazer cessar (*aufhören lassen*) e conservar

---

6 Hegel, *Fenomenologia do espírito*, trad. Paulo Meneses, com colaboração de Karl-Heinz Efken e José Nogueira Machado. São Paulo/ Petrópolis: São Francisco/ Vozes, 2003, p. 544.

(*aufbewahren*). A arte pode se realizar na política apenas se, de algum modo, se abole e, ao mesmo tempo, se conserva nela. Como Robert Klein havia observado num ensaio de 1967, significativamente intitulado «O eclipse da 'obra de arte'»,[7] a abolição que as vanguardas tinham em mente não se voltava tanto contra a arte mas contra a obra, à qual a arte pretendia sobreviver. Esse resto de artisticidade que vaga é recolhido na arte contemporânea, que renuncia à realidade da obra em nome da realização da arte na vida.

O verbo *aufheben*, ao qual Hegel confia esse arcano dialético, adquiriu seu duplo significado por meio da tradução luterana do Novo Testamento. Diante da passagem da Carta aos Romanos (3, 31) que sempre colocou os intérpretes em embaraço, porque Paulo parece afirmar ao mesmo tempo a abolição da lei e sua confirmação («Abolimos — *katargoumen* — portanto a lei por meio da fé? Não seja assim, antes, a elevemos — *histanomen*»), Lutero decide traduzir o gesto antinômico da *katargesis* paulina com *aufheben* (*heben wir das Gesetz auf*).

A intenção do apóstolo era, no entanto, necessariamente mais complexa. Na perspectiva messiânica em que ele se situa, o advento do Messias significava o fim da lei (*telos tou nomou*, Rm 10, 4), no duplo sentido que o termo *telos* tem em grego: fim e, ao mesmo tempo, cumprimento, plenitude. De fato, a crítica de Paulo não se dirigia à *Torá* como tal, mas à lei em seu aspecto normativo, que ele define sem possíveis equívocos *nomos ton entolon*, lei dos comandos (Ef 2, 15) ou também *nomos ton ergon* (lei das obras, Rm 3, 27). Ou seja, trata-se,

---

7   Klein, «O eclipse da 'obra de arte'», in *A forma e o inteligível: escritos sobre o Renascimento e a arte moderna*, trad. Cely Arena. São Paulo: Edusp, 1998, pp. 389-96.

O irrealizável

para ele, de colocar em questão o princípio rabínico segundo o qual a justiça se obtém cumprindo as obras prescritas pela lei («nós cremos», ele escreve, «que um homem seja justificado sem as obras da lei», Rm 3, 28).

Por isso, toda vez que deve exprimir a relação entre o Messias e a lei, ele se serve do verbo *katargeo*, que não significa «destruir», como às vezes traduz a Vulgata, mas «torno inoperante, faço sair do *ergon* e da *energeia*» (nesse sentido, *katargeo* é o contrário de *energeo*, que significa «coloco em obra, atuo»). Paulo conhece perfeitamente a oposição, tão familiar ao pensamento grego a partir de Aristóteles, entre potência (*dynamis*) e ato (*energeia*), e faz referência a ela várias vezes (Ef 3, 7: «segundo a *energeia* de sua *dynamis*»; Gl 3, 5: o espírito «coloca em obra — *energon* — em vós as potências — *dynameis*»). Em relação à lei, todavia, o evento messiânico inverte a relação normal entre os dois termos, que privilegia o ato: o cumprimento da lei que aí acontece nela desativa, por sua vez, a *energeia* e torna inoperantes seus comandos. A lei cessa de ser algo que deve ser realizado nos fatos e nas obras, e a *katargesis* de seu aspecto normativo abre ao crente a possibilidade real da fé, como plenitude e cumprimento da *Torá*, que agora se apresenta como «lei da fé» (*nomos pisteos*, Rm 3, 27). Desse modo, a lei é restituída à sua potência — uma potência que, segundo a límpida redação de 2 Cor 12, 9, «se realiza na fraqueza» (*dynamis em astheneia teleitai*). Não se pode falar aqui propriamente nem de abolição nem de realização: a fé não é algo que possa ser realizado, porque ela mesma é apenas a única realidade e única verdade da lei.

O irrealizável

5. Que Platão, em suas três viagens à corte de Dionísio na Sicília, procurava realizar a filosofia na política é algo que uma leitura não suficientemente atenta da *Sétima Carta* parece sugerir. Platão justifica aí, com efeito, sua estada junto ao tirano com o cuidado de mostrar-se aos próprios olhos como um homem «que é apenas palavra e nunca se empenha em nenhuma obra», e confessa ter acreditado nas insistências dos amigos que a ele lembravam que, «se jamais alguém pôde se empenhar em levar a bom fim (*apotelein*) o que tinha pensado sobre as leis e sobre a política, esse era o momento de tentar» (328c).[8] O que ele pretendia com essas palavras, todavia, só pode ser compreendido ao colocá-las em confronto com o que escreve pouco antes (326b) sobre a justa relação entre filosofia e política: «os males que afligem as gerações humanas não cessarão antes que o gênero dos verdadeira e justamente filosofantes não chegue às magistraturas políticas ou aqueles que têm poder nas cidades por alguma sorte divina verdadeiramente façam filosofia (*philosophesei*)». Essa tese peremptória retoma a teoria do rei-filósofo que Platão expõe quase com as mesmas palavras numa célebre passagem da *República* (473d): «A menos que os filósofos reinem nas cidades ou que aqueles que agora são chamados reis e príncipes filosofem verdadeiramente e com competência (*philosophesosi gnesios te kai ikanos*) e sejam unidos em um só (*eis tauton sympsei* — a expressão é cheia de sentidos: *sympegnymi* significa também 'coagular'), a *dynamis* política e a filosofia [...] não diminuirão os males para as cidades e para o gênero humano, e a própria política de que até agora falamos não nascerá

---

8   Platão, *Carta VII*, trad. José Trindade Santos e Juvino Maia Jr. Rio de Janeiro/ São Paulo: Ed. PUC-Rio/ Loyola, 2008, p. 57.

O irrealizável

(*phyei*), de modo que é possível que nem mesmo veja a luz do sol».[9]

A interpretação corrente dessa tese platônica é a de que os filósofos devem governar a cidade, porque apenas a racionalidade filosófica pode sugerir a quem governa as justas medidas a serem adotadas. Platão afirmaria, em outras palavras, que o bom governo é o que realiza e coloca em prática as ideias dos filósofos. Uma variante dessa interpretação já está presente na passagem das *Lições de história da filosofia* em que Hegel lê o rei-filósofo da *República* nestes termos: «Platão se limita aí a afirmar pura e simplesmente a necessidade de conjugar a filosofia com o poder político. Pode parecer uma grande presunção que se deva colocar nas mãos dos filósofos o governo dos Estados: o terreno da história é diverso daquele da filosofia. Certamente na história deve se realizar a ideia, como potência absoluta; em outros termos, Deus rege o mundo. Exceto pelo fato de que a história é a ideia que se realiza de modo natural, sem a consciência da ideia. Certamente se opera segundo pensamentos universais de direito, de uniformidade ao costume, de subordinação à vontade divina; mas é também certo que operar é ao mesmo tempo atividade do sujeito como sujeito que persegue objetivos particulares». O rei-filósofo é o soberano que toma emprestados da filosofia os princípios universais da racionalidade e os deixa prevalecer sobre todo objetivo particular: «quando Platão afirma que o governo pertence aos filósofos, pretende dizer que toda a vida do Estado deve ser regulada segundo princípios universais».[10]

---

9 Id., *A República*, trad. Maria Helena da Rocha Pereira. Lisboa: Fundação Calouste Gulbenkian, 2001, p. 251.
10 Hegel, pp. 176-8.

O irrealizável

É mérito de Michel Foucault ter mostrado a inadequação dessas interpretações do teorema platônico, que, desse modo, acaba indevidamente achatado na tese aristotélica do filósofo conselheiro do soberano. Decisiva é apenas a coincidência da filosofia e da política num único sujeito. «Mas disso», observa Foucault, «isto é, do fato de que quem pratica a filosofia seja o que exerce o poder e aquele que exerce o poder seja alguém que pratica a filosofia também, disso não se pode de forma alguma inferir que o que ele sabe de filosofia será a lei da sua ação e das suas decisões políticas. O que é importante, o que é exigido, é que o sujeito do poder político seja também o sujeito de uma atividade filosófica.»[11] Não se trata apenas de fazer coincidir um saber filosófico com uma racionalidade política: antes, o que está em questão é um modo de ser, ou, de forma mais precisa, para o indivíduo que faz filosofia, «uma maneira para o indivíduo de se constituir como sujeito num certo modo de ser». Ou seja, o que está em questão é «a identidade entre o modo de ser do sujeito filosofante e o modo de ser do sujeito praticante da política. Se os reis têm de ser filósofos não é porque assim poderão perguntar ao seu saber filosófico o que fazer nestas ou naquelas circunstâncias [...]. Não há coincidência dos conteúdos, isomorfismo das racionalidades, identidade do discurso filosófico com o discurso político, mas identidade do sujeito filosofante com o sujeito governante».[12]

Se tentarmos desenvolver as considerações de Foucault na perspectiva que aqui nos interessa, teremos que nos perguntar, antes de tudo, o que significa o fato de que, nas palavras de Platão, a *dynamis*

---

[11] Foucault, *O governo de si e dos outros*, trad. Eduardo Brandão. São Paulo: Martins Fontes, 2013, p. 267.

[12] *Ibid.*

O irrealizável

politiké, a potência política, coincide com a filosofia, e esta com a potência política. Como Foucault mostrou, é certo que não se trata da realização de uma na outra, mas de sua coincidência num mesmo sujeito. No início da *Sétima Carta*, Platão conta que decidira entregar-se à filosofia quando havia se dado conta de que em sua cidade toda atividade política se tornara impossível — isto é, que a possibilidade da filosofia coincidia com a impossibilidade da política. No rei-filósofo a possibilidade da filosofia e aquela da política coincidem, «por uma sorte divina», num único sujeito. O filósofo não cessa, por isso, de ser tal, não se abole realizando-se na filosofia, mas sua potência se identifica com a do soberano. A coincidência das duas potências é a realidade e a verdade de ambas. Sendo reais, elas não têm necessidade de realização: são, antes, propriamente irrealizáveis.

Por isso, como observou Hadot, enquanto a escola de Aristóteles formava para a vida filosófica, para o modo de vida teorético uma vez que distinto daquele do soberano, ao qual o filósofo podia eventualmente dar conselhos, a Academia platônica tinha essencialmente um fim político, mas apenas na medida em que se propunha a fazer coincidir o modo de ser do filósofo com o do rei. Platão, na *Sétima Carta*, explicitamente adverte contra a ideia de que o filósofo possa se tornar conselheiro do rei sem que este mude seu modo de ser. «O conselheiro de um homem doente, se este segue um mau regime, não deve sobretudo fazer com que ele mude o gênero de vida (*metaballein ton bion*)? [...] Assim, nas cidades que se distanciam completamente da justa política, e refutam seguir seus traços, e ordenam, sob pena de morte, a seus conselheiros não mudarem a política, e os incitam a se tornarem servidores de sua vontade e de seus desejos, eu julgaria vil o homem que aceitasse esse papel» (330d-331a). A filosofia não deve procurar realizar-se na política: se quer que as duas potências coincidam e que o rei se torne filósofo, ela deve, pelo contrário, fazer-se a cada vez garantidora da própria irrealizabilidade.

Limiar

Giorgio Pasquali conclui sua agudíssima leitura da *Sétima Carta* com um longo excurso sobre a *tyche*, que aparece várias vezes nas considerações de Platão como uma potência irracional, hostil e maléfica, mas às vezes também como uma potência «divina e benéfica», como a *theia moira*, que na passagem citada (326b) faz com que os filósofos cheguem ao poder na cidade. Desde o início, lembrando o julgamento de Sócrates, escreve que isso acontece *kata tina tyche*, por alguma sorte (325b5), assim como pouco depois o naufrágio das esperanças colocadas em Dion acontece por meio de um «demônio ou algo maléfico» (*tis daimon e tis alitherios* — 336b). Pasquali mostra como o problema da *tyche* é central também nos diálogos mais antigos e sobretudo nas *Leis*. Se na *República* (592a) o homem razoável não consente em ocupar-se de política em sua cidade «se não se produz algum tipo de sorte divina (*theia* [...] *tyche*)», nas *Leis* o hóspede ateniense, antes de expor suas ideias sobre a legislação, enuncia o melancólico teorema segundo o qual «nenhum mortal dá leis, mas todas as coisas humanas são *tychas*, acasos» (708e). A esse propósito, Pasquali fala de um «dualismo demonológico» no pensamento de Platão, segundo o qual os acontecimentos humanos se mostram como uma batalha em que o homem é socorrido ou atacado por entes sobrenaturais.

Na verdade, trata-se, segundo o costume platônico, de um mito no qual ele se confronta com um problema particularmente árduo para uma mente antiga: o da contingência. A série dos eventos que acontecem aos homens não é um curso necessário que pode ser justificado por meio de explicações causais que remontam ao infinito nem, como em Hegel, um processo no qual o espírito em todo caso se realiza. O sentido último dos eventos nos escapa e *tyche* — que significa «evento» — é o nome da contingência, do puro e, em última análise, inexplicável vir à presença de algo: *contigit* — isto é, justamente, «advém». Os eventos históricos dependem, em última análise, da *tyche* e também por isso o rei-filósofo não pode pretender realizar a filosofia em suas ações. Platão é, nesse sentido, mais próximo do que Hegel das conclusões da ciência de nosso tempo, que deixa amplo espaço para o acaso e para a contingência.

6. Uma crítica do conceito de realização na esfera política está no «Fragmento teológico-político» de Benjamin, que os editores datam do início dos anos 1920, mas que o autor julgava tão importante a ponto de dizer a Adorno, no último encontro que tiveram em San Remo no início de 1938, que era «absolutamente novo».

O problema teórico do fragmento é o da relação entre a ordem profana e o Reino, entre a história e o messiânico, que Benjamin define sem reservas como «um dos pontos doutrinais essenciais da filosofia da história».[13]

---
13 Benjamin, p. 203 (ed. bras., p. 23).

O irrealizável

Essa relação é ainda mais problemática uma vez que o fragmento se inicia afirmando sem reservas a heterogeneidade radical dos dois elementos. Dado que apenas o Messias cumpre (*vollendet*, «leva a seu termo») o acontecer histórico e redime, enquanto produz a relação entre este e o messiânico, «nada de histórico pode, a partir de si mesmo, pretender entrar em relação com o messiânico [...] O Reino de Deus não é o *telos* da *dynamis* messiânica; ele não pode ser colocado como objetivo. De um ponto de vista histórico, ele não é objetivo (*Ziel*), mas termo (*Ende*). Por isso, a ordem do profano não pode ser construída sobre o pensamento do Reino de Deus, por isso a teocracia não tem nenhum sentido político, apenas um sentido religioso».[14]

O reino — e o conceito marxiano de sociedade sem classes que, como está na tese XVIII sobre filosofia da história, é sua secularização — não é algo que pode em hipótese alguma ser colocado como fim de uma ação política e ser «realizado» por meio de uma revolução ou de uma transformação histórica. Na perspectiva do *Fragmento*, é possível dizer então que o erro das ideologias modernas consistiu no fato de ter reduzido a ordem messiânica àquela histórica, esquecendo que o Reino, para manter sua eficácia própria, nunca pode ser colocado como um objetivo a ser realizado, mas apenas como termo (*Ende*). Se é colocado como algo que deve ser realizado na ordem histórica profana, ele fatalmente acabará reproduzindo em novas formas a ordem existente. Sociedade sem classes, revolução e anarquia são, nesse sentido, como o Reino, conceitos messiânicos que não podem, como tais, se tornar objetivos sem perder sua força e sua natureza próprias.

Isso não significa que eles sejam ineficazes ou

---

[14] *Ibid.*

sem significados no plano histórico. De fato, há entre eles e a esfera profana uma relação, mas esta resulta paradoxalmente apenas do perseverar obstinado de cada uma das duas ordens na direção que as define. A ordem do profano, por sua vez, «deve ser orientada à ideia de felicidade», enquanto «a imediata intensidade messiânica do coração, do homem singular interior, procede, pelo contrário, por meio da infelicidade, no sentido da dor».[15] Sua divergência é, segundo o exemplo que Benjamin sugere, uma verdadeira oposição, e, todavia, essa oposição produz algo como uma relação: «Se uma seta indica o objetivo em direção ao qual opera a Dynamis do profano e outra a direção da intensidade messiânica, então a busca da felicidade humana livre certamente diverge daquela direção messiânica, mas, como uma força, por meio de sua trajetória, pode indicar-lhe outra diretamente ao sentido oposto [...], assim também a ordem profana do Profano pode indicar o advento do Reino messiânico». O Profano, mesmo não sendo de modo algum «uma categoria do Reino», age como um princípio que facilita sua «aproximação mais silenciosa».[16]

Como a filosofia não pode nem deve se realizar na política, mas já é em si completamente real, e como, segundo Paulo, a obrigação de realizar a lei por meio das obras não produz justiça, assim, no «Fragmento», o messiânico age no acontecimento histórico apenas permanecendo nele irrealizável. Só desse modo ele guarda a possibilidade, que é seu dom mais precioso, sem o qual não se desobstruiria ao gesto e ao evento nenhum espaço. É preciso deixar de pensar o possível e o real como duas partes

---
15 *Ibid.*, p. 204 (ed. bras., pp. 23-4).
16 *Ibid.* (ed. bras., p. 23).

funcionalmente conexas de um sistema que podemos chamar de máquina ontológico-política do Ocidente. A possibilidade não é algo que deve, passando ao ato, realizar-se: ela é, pelo contrário, o absolutamente irrealizável, cuja realidade em si cumprida age no acontecer histórico que se petrificou nos fatos como um termo (*Ende*), isto é, quebrando-o e aniquilando-o. Por isso, Benjamin pode escrever que o método da política mundial «deve ser chamado niilismo». A heterogeneidade radical do messiânico não permite nem planos nem cálculos para sua concretização numa nova ordem histórica, mas pode nesta se mostrar apenas como uma instância real absolutamente destituinte. E se define destituinte uma potência que nunca se deixa realizar num poder constituído.

I. *Res*

1. Segundo os lexicógrafos, a palavra latina *res*, da qual derivam nossos termos realidade e realização, é o vocábulo mais frequente na literatura latina que se conservou até nós. Todavia, ele é singularmente isolado no léxico latino clássico, porque o adjetivo *realis* e o advérbio *realiter*, que dele derivam, aparecem apenas a partir dos séculos IV e VI de nossa era, enquanto o substantivo *realitas* e o raro verbo *realitare* (ou *realitificare*) não aparecem antes do Medievo tardio. Ainda mais singular é o fato de esse termo tão frequente em latim não ter se conservado como tal nas línguas modernas, a não ser no francês, na forma *rien*, que significa «nada». Em seu lugar, as línguas românicas se utilizam de um termo derivado de *causa*: *cosa*, *chose*, coisa. A razão dessa substituição de um termo por outro é genuinamente semântica. *Res*, com efeito, antes mesmo de significar um objeto ou um bem possuído, é o caso dos homens, aquilo que lhes concerne ou que para eles e entre eles está em questão, e, portanto, é também quase sinônimo de *lis*, em sentido jurídico, aquilo que está em causa num processo (Varrão, VII, 93: *quibus res erat in controversia, ea vocabatur lis*). Por isso, os antigos derivavam de *res reus*, «aquele cujo caso é objeto de um processo», e, pela mesma razão, a palavra é com frequência usada adverbialmente em sentido causal — *quare, quam ob rem* (por tal coisa, por causa de) — e tende a se fixar em união sintagmática com adjetivos, até quase desaparecer neles: *res publica, res divina, res familiaris, res militaris, res adversae* ou *secundae*. O significado originário «daquilo que me diz respeito, daquilo que está na

esfera de meu interesse» é evidente nas expressões, já em Plauto comuns, *rem gerere, rem agere*, «ocupar-se de um caso», *rem narrare*, «expor uma questão».

O significado de «bem, coisa possuída», que os léxicos registram como antigo ao lado do de «caso», é, na realidade, derivado deste. Se, assim, encontramos em Plauto *res* como sinônimo de *pecunia*, é porque verossimilmente o dinheiro é, por excelência, «aquilo que me interessa». Ainda em Plauto, em expressões eufemísticas como *mala res*, «a coisa má», para designar o chicote com o qual o escravo será chicoteado, o significado objetual é secundário em relação à «má atividade» que o espera, justamente como a *res venerea* não é uma coisa, mas o complicado acontecimento do amor e do sexo.

É significativo que a reflexão filosófica tenha influenciado no progressivo declínio do «caso dos homens» em sentido objetivo. Em Lucrécio, já no título *De rerum natura* — ausente como tal nos manuscritos, mas presente como sintagma no texto e correspondente ao *peri physeos* dos filósofos gregos —, *res* adquire o sentido filosófico de «ente» que manterá por toda a latinidade. Como os significados do termo se cruzam estreitamente numa constelação semântica em que «ente», «coisa», «causa» se tornam indistinguíveis, é testemunhado por uma passagem do poema de Lucrécio a respeito da qual é oportuno refletir: «Se de quatro coisas geram-se todas as coisas (*quattuor ex rebus si cuncta creantur*) / e de novo nestas todas as coisas (*res omnia*) se dissolvem, / como poderão estas ser ditas princípios das coisas (*rerum primordia*), / mais do que inversamente as coisas princípios daquelas?» (I, 763-66).

O irrealizável

É possível que entre os fatores que facilitaram a deriva semântica do termo em direção a *ens* esteja o uso cada vez mais frequente de *res* na expressão negativa *nulla res* como sinônimo de *nihil* (assim, em Lucrécio, I, 150: *nullam rem e nihilo gigni divinitus umquam*): *res*, como ente, é o oposto do nada (daí o uso de *nullius rei* como genitivo de *nihil*). Uma passagem dos *Tópicos* (6, 27) de Cícero nos informa acerca de uma primeira cisão da *res* que antecipa aquela medieval entre *res extra animam* e *res in intellectu*, segundo a qual o termo é utilizado para as coisas que existem (*earum rerum qui sunt*) ou para as inteligíveis e privadas de substância corpórea (como *ususcapio*, *tutela*, *agnatio*).

Não é fortuito que os exemplos de Cícero sejam tirados da esfera do direito. Ao significado filosófico, com efeito, continuam a ser acrescentados o jurídico (no qual a *res*, como é evidente no *Corpus iuris civilis*, é o que entra de qualquer forma no âmbito do direito, quer se trate de uma causa judiciária, de um bem possuído ou alienado — *res data*, *res adquisita* — ou transmitido por herança — *res hereditaria*) e o político, no qual (como no *incipit* da obra em que Augusto narra suas empreitadas) as *Res gestae* designam as ações realizadas pelo *imperator* no exercício de suas funções.

A *res*, como o ser, é a coisa dos homens, a «coisa» de seu pensamento e de sua linguagem, aquilo que em qualquer sentido os provoca e lhes diz respeito. A etimologia — familiar aos antigos, mas, para os modernos, incerta — a partir de *reor*, «penso, conto, julgo», parece confirmá-lo. Mas justamente porque coincide com toda a esfera do pensamento e das atividades humanas, a «coisa» deverá, a cada vez, dividir-se e articular-se de acordo com uma variedade de significados e de estratégias, nas quais a mente corre o risco de se perder.

Na conferência *A coisa*, que aconteceu na Academia bávara das Belas-Artes, em 1950, Heidegger traça uma breve genealogia da palavra alemã *Ding* e de sua equivalente latina *res*. Ambas indicam, na origem, como já lembramos, «aquilo que diz respeito aos homens, o caso (*Angelegenheit*), a controvérsia (*Streitfall*), o caso em questão (*Fall*)».[1] A esse significado originário se acrescenta, em latim, outro, completamente diferente, que substitui o primeiro até escondê-lo por completo. «A palavra latina *res* denomina aquilo que de algum modo concerne ao homem. O que concerne (*das Angehende*) é o real da *res*. A *realitas*», Heidegger antecipa aí de forma anacrônica o uso do termo *realitas*, que os romanos, como vimos, não conheciam, «é experienciada pelos romanos como *der Angang*. Mas os romanos nunca pensaram em sua essência aquilo que eles assim experienciavam. Antes, a *realitas* romana da *res* é apresentada, por meio da recepção da filosofia grega tardia, no sentido do grego *on*. *On*, em latim, *ens*, significa o que está presente no sentido do *Herstand*. A *res* se torna *ens*, aquilo que está presente no sentido daquilo que é produzido e representado. A autêntica *realitas* da *res*, experienciada originariamente pelos romanos como aquilo que concerne, permanece, como essência da coisa presente, escondida e sepultada. Pelo contrário, o termo *res* é usado mais tarde, em particular no Medievo, para designar cada *ens qua ens*, isto é, cada ente que esteja de algum modo presente, também quando consiste apenas na representação

---
[1] Heidegger, 1954, p. 116.

O irrealizável

como um *ens rationis*. A própria coisa acontece para o correspondente termo alemão *dinc*: ele indica qualquer coisa que de algum modo é.»[2]

Nesse ponto, Heidegger deixa de lado a genealogia que tinha esboçado detidamente para voltar ao exemplo da «coisa» com o qual havia aberto a conferência: um jarro. Voltando as costas decididamente à «coisa» da tradição ontológica, que no entanto lhe era familiar, ele escolhe um regime de pensamento que ele próprio, na «Carta a um jovem estudante», anexada ao ensaio, define como «desordenado e arbitrário». O jarro do qual bebo para matar a sede não é uma coisa nem no sentido romano de *res*, nem no sentido do *ens*, concebido ao modo do Medievo: ela agora está inserida na «quadratura» da terra e do céu, dos divinos e dos mortais, em cuja relação consiste sua essência. Aqui, propomos a retomada da genealogia filosófica da coisa bruscamente interrompida.

2. É na filosofia medieval que a evolução semântica de *res* em direção ao sentido ontológico de *ens* atinge seu maior desenvolvimento. No final do mundo antigo, em Agostinho, o âmbito da *res* já é definido em toda a sua amplitude em oposição àquela da linguagem e dos signos: «Toda doutrina concerne ou às coisas ou aos signos, mas as coisas são apreendidas por meio dos signos (*res per signa discuntur*). Chamei propriamente de coisas o que não serve para significar algo, como madeira, pedra, ovelha e similares» (*De doct. Christ.* I, II, 2). Se é importante notar que «coisa» — segundo uma deriva semântica que permanecerá sempre presente, embora raramente tematizada como tal — é aí

---

[2] *Ibid.*, p. 117.

tudo aquilo que é significado pela linguagem, a ambiguidade inerente ao termo persiste, porque também as coisas podem ser usadas como signos, «como a madeira que Moisés lançou nas águas amargas para delas tirar o amargor», e, de modo inverso, os signos também são, em seu aspecto sensível, coisas, de outra forma não poderiam existir («todo signo é também certa coisa, porque o que não é uma coisa não é nada — *quod enim nulla res est, omnino nihil est*», ibid.). E que a esfera semântica do termo já foi tão vasta a ponto de se identificar com o ser é algo mostrado pelo fato de que Agostinho, na dificuldade de «encontrar um nome que convenha a tamanha excelência», chama de «coisa» a própria trindade: «As coisas de que devemos gozar (*res ergo, quibus fruendum est*) são o Pai, o Filho e o Espírito Santo e a própria trindade, coisa única, suma e comum a todos que dela gozam, ainda que seja uma coisa e não a causa de todas as coisas, ainda que de fato seja causa (*si tamen res et non rerum omnium causa, si tamen et causa est*)» (I, V, 5).

A partir desse momento, também em relação a essa passagem problemática de Agostinho, os esforços obstinados dos teólogos serão dirigidos à definição do sentido de *res* em relação ao vocabulário da ontologia. No deslocamento da *res* à dimensão do ser, o significado originário «daquilo que está em questão para qualquer um» irá se espalhar assim segundo as cisões que governam a ontologia ocidental: ser e ente, essência (*quidditas*) e existência, potência e ato, possibilidade e realidade, *ens in intellectu* e *ens extra animam*; e o vocábulo mais comum — a coisa, o «caso» dos homens falantes — será marcado pela mesma ambiguidade que define o uso do termo «ser»: de tempos em tempos o que há de mais abstrato e a realidade mais imediata e tangível, o que é simplesmente possível na mente dos homens e o que existe de fato (*realiter*).

A tendência que prevalece é a de reservar para *res* o significado de essência e de potência: «cada uma das três pessoas», sanciona o Concílio Laterano de 1215, «é a coisa, isto é, substância, essência ou natureza divina (*illa res videlicet substantia, essentia sive natura divina*)»; por sua vez, uma definição de Sigieri (*Metaphysica*, IV) indica que: «coisa e ente (*res et ens*) significam a mesma essência, mas não são termos sinônimos [...] ente significa no modo do ato (*per modum actus*), coisa, no modo do hábito (*per modum habitus* — o hábito é o modo como a potência ou a possibilidade existe habitualmente num sujeito)».[3] No mesmo sentido, Tomás, citando Avicena, afirma que *res* e *ens* se distinguem segundo a consideração da essência de uma coisa ou de sua existência (*In I Sent.*, dist. 25, q. I, art. 4). Ainda mais singular é que o adjetivo *realis* e o advérbio *realiter* tendem, pelo contrário, a assumir o significado — que também manterão no uso pós-medieval e moderno — de «objetivamente existente» (Tomás pode assim definir as criaturas como «expressões reais» — *realis quaedam expressio* — daquilo que é concebido no Verbo divino, *Summa contra gentiles*, 6, 4, cap. 42).

Os outros significados do termo *res*, no entanto, não desaparecem. Um léxico filosófico do século XIV, que retoma as fórmulas usadas por Boaventura em seu *Comentário às sentenças*, compendia desta forma a esfera semântica do vocábulo: «*res* se diz de três modos» — num primeiro sentido, o comum (*communiter*), que é derivado de *reor*, significa «tudo aquilo que acontece

---

3   Hamesse, p. 99.

na consciência» (*omne illud quod cadit in cognitione*); no segundo, que é o «próprio» (*proprie*), identifica-se com o ente fora da alma (*convertitur cum ente extra animam*); no terceiro e «mais próprio» (*magis proprie*), diz-se «apenas do ente *per se*, isto é, a substância» (*de ente per se, quod est substantia*).[4]

Justamente porque nomeia a «coisa» do pensamento e da consciência enquanto é atravessado por uma série de cisões e de articulações, o termo *res* nunca perderá sua ambiguidade e, desse modo, condicionará o vocabulário da ontologia e a «realidade» do ser que nela está em questão. Na dupla etimologia que Tomás sugere para *res*, a cisão entre uma existência fora da alma e uma realidade apenas mental está claramente testemunhada: «o nome da coisa tem uma origem dupla: tanto por parte daquilo que está na alma, e, nesse sentido, *res* deriva de *reor, reris* (pensar, falar), quanto por parte daquilo que está fora da alma, e, nesse sentido, significa algo fixo (*ratum*) e estável na natureza» (*In I Sent.*, dist. 25, q. I, art. 4).

3. Um momento significativo na história do termo é a inclusão de *res* entre os conceitos que a lógica medieval define transcendentes ou transcendentais, isto é, *ens, unum, verum, bonum, perfectum*, ou seja, os conceitos generalíssimos que transcendem as categorias e podem ser predicados de cada uma delas. A origem da problematização desses conceitos deve ser procurada nas discussões teológicas do século XII sobre a *quaestio*, se os termos gerais como *ens, res, aliquid* podem ser adequados tanto a Deus quanto às criaturas.[5] O influxo decisivo na

---
4   *Ibid.*, p. 93.
5   Cf. Valente, *passim*.

O irrealizável 36

introdução da *res* entre os transcendentais e, de modo mais geral, no vocabulário ontológico medieval se deve, entretanto, a Avicena (mais precisamente às traduções de Avicena em latim, que foram difundidas na Europa nas últimas décadas do século XII). Numa passagem do *Liber de prima philosophia* (I, 5) constantemente citada tanto pelos antigos quanto pelos modernos, Avicena havia afirmado o primado das noções de «coisa» (*res*, árabe: *shay*) e «existente» (*ens*, árabe: *mawgud*), por serem originárias e imediatamente cognoscíveis (*statim imprimuntur in anima prima impressione*), não deriváveis de outras (*quae non acquiritur ex aliis notionibus*) e não definíveis a não ser de modo circular (*nullo modo potest manifestari aliquid horum probatione quae non sit circularis*).

Se, como foi observado,[6] os dois conceitos são extensivamente idênticos, todavia eles se distinguem de forma intencional, isto é, segundo o modo de significar: *res* se refere sobretudo à essência ou à quididade, enquanto *ens* concerne sobretudo às coisas consideradas como existentes. Cada coisa — escreve Avicena — tem uma *certitudo* (árabe: *haqiqa*, «realidade ou verdade») por meio da qual é aquilo que é, «como um triângulo tem uma *certitudo* que o define como triângulo e a brancura uma *certitudo* que a constitui como brancura» (I, 5). A partir de *shay* ele forja assim o termo *shay'iyya*, literalmente «coisidade» (ou «coisalidade»), que curiosamente os tradutores latinos não traduzem por *realitas*, como seria por nós esperado, mas por *causalitas*. É a M.-T. d'Alverny que se deve a aguda hipótese de que, a partir do momento em que as traduções do árabe para o

---

6 Wisnovsky, pp. 189-90.

latim foram feitas a duas mãos — nesse caso, por um estudioso judeu sefardita, Avendauth, que conhecia o árabe e traduzia palavra por palavra para o espanhol ou italiano, e, por verossimilhança, traduziu *shay'yya* por «*cositad*» ou «coisalidade», e por Domenico Gundisalvi (Gundissalinus), que, transcrevendo para o latim, compreendeu errado a palavra como *causalitas*, e por esse erro de tradução a palavra «coisalidade», que havia sido inventada em árabe por Avicena, no momento da recepção de seu pensamento na cultura latina não foi transmitida às línguas românicas. Não fosse esse erro, diríamos hoje «coisalidade» e não «realidade», e talvez tudo fosse mais claro.

Se não há dúvidas de que o vocabulário filosófico do Ocidente, como Heidegger lembrou, se formou por meio de uma série de equívocos de tradução, é também certo que, em Avicena, a coisa é constitutivamente um conceito ambíguo: por um lado, designa a experiência primordial a partir da qual nasce todo o conhecimento, e, por outro, a essência ou a quididade, quase como se a «coisa» precedesse a distinção entre essência e existência e, ao mesmo tempo, dessa distinção fosse parte. Os estudos mais recentes de fato mostraram que tanto o primado da essência sobre a existência quanto o estatuto ontológico da coisa — dois pontos doutrinais correlatos que a tradição hermenêutica atribui a Avicena — na realidade são em seu pensamento problemas muito mais complexos do que podem parecer numa primeira leitura. Com efeito, Avicena se dá conta de que a «coisa», uma vez que nomeia o elemento primordial que está na base de toda enunciação verdadeira (*res est id de quo potest aliquid vere enuntiari*), é pressuposta a toda enunciação e já está sempre incluída na definição que dela se dá. «Quando diz que a coisa é aquilo sobre o que se pode enunciar validamente algo é o mesmo que se dissesse que a coisa é a coisa sobre a qual se pode enunciar validamente qualquer coisa (*res est res de qua vere potest aliquid enuntiari*), porque 'aquilo', 'aquele' e 'coisa' significam o mesmo e, assim, na definição da coisa já teria colocado a coisa (*nam et id et illud et res eiusdem sensus sunt. Iam igitur posuisti rem in definitione rei*).» Por isso ele pode afirmar que a coisa não é separável da existência, «porque a intelecção da existência a acompanha de forma constante (*quoniam intellectus de ente semper comitabitur illam*)» e «se não fosse considerada existente não seria uma coisa (*si autem non esset ita, tunc non esset res*)».[7]

A hipótese que pretendemos propor é que *res*, a «coisa», nomeia, numa cultura que ainda não pode tematizar a linguagem como tal, a pura intencionalidade da linguagem, isto é, o fato de que todo enunciado se refere a algo. Por isso, a *res* é necessariamente pressuposta a todo discurso — portanto, também a toda enunciação sobre a coisa. Considere-se a passagem já citada do *Liber de prima philosophia* (I, 5) em que Avicena define a essência: *unaquaeque res habet certitudinem qua est id quod est*: se a coisa aí está, de acordo com toda evidência, pressuposta à essência que a caracteriza, isso não é porque ela designa, como será em Kant, o objeto existente de uma percepção, mas porque ela é o nome do correlato intencional da linguagem, antes da distinção entre essência e existência (na escolástica mais tardia, expressões como *essentia rei* e até *existentia rei* se tornarão comuns, sem se perguntar que estatuto de ser tem a *res*, a partir do momento em que tanto a essência quanto a existência,

---
7 *Ibid.*

por meio da qual se define a coisa, se referem a ela). Os exemplos poderiam facilmente se multiplicar, como algumas linhas antes a passagem em que Avicena define a coisa como aquilo que é mais imediato e comum («O que mais facilmente se deixa imaginar por si mesmo — *Quae autem sunt promptiora ad imaginandum* — é aquilo que é comum a todas as coisas — *quae communia sunt omnibus rebus* —, como justamente a *coisa*, o existente, o uno e similares — *sicut res et ens et unum et cetera*»), na qual a repetição «coisas/coisa» trai a amplitude e, ao mesmo tempo, a ambiguidade do significado do termo.

Se não se pode falar da «coisa» sem repetir e pressupor a palavra «coisa», é porque *res*, como os outros predicados transcendentais, nomeia a própria intencionalidade da linguagem: *res* é a coisa da linguagem, o correlato «real» de todo discurso e de toda intelecção. Isso permitiu a filósofos que vieram na sequência, como Francesco della Marca e Enrico di Gand, extraírem de Avicena a consequência de que *ens*, como concomitante ao conceito *res*, é posterior a este e, portanto, não pode ser o primeiro objeto da metafísica (*ergo intentio entis, cum non sit prima intentio, non erit primum subiectum Metaphysicae*).[8] E, quando Enrico di Gand (*Quodlibet* VII, q. 1-2), para definir «a coisa ou o algo» (*res sive aliquid*) como «aquilo que há de mais comum a tudo», deve opô-la ao «puro nada» (*purum nihil*), porque apenas a coisa está por sua natureza em relação com o intelecto, o que na verdade está definindo é a própria intencionalidade da linguagem. O pensamento, como a linguagem, implica sempre a referência a uma «coisa» e a uma coisalidade e nunca a «nada» (*nihil est natum movere intellectum nisi habens rationem alicuius realitatis*).

---

8 Francesco della Marca, p. 66.

O irrealizável

Também é verdade, todavia, que a coisa, tão logo nomeada como tal, cinde-se de forma imediata em «que coisa é» (*quid est*, *essentia*, *quidditas*) e em sua simples existência (*quodditas* ou *anitas*, o «se é»), e essa cisão da coisa é consubstancial à ontologia ocidental, a seus sucessos assim como a suas aporias. Aliás, ela constitui o motor secreto daquela que poderemos chamar de a máquina ontológica do Ocidente.

Foi observado que na passagem de Enrico di Gand, *res* significa tudo aquilo que não é nada e implica, portanto, um nível de abstração tamanho ao ponto de abrir a tautologia.[9] Na verdade, em sua definição da *res sive aliquid*, o que está em questão é o fato de que a linguagem (e o pensamento, *intellectus*) se refere sempre a algo e nunca a nada, isto é, uma espécie de resposta *ante litteram* à pergunta leibniziana «por que há algo em vez de nada?». Há algo em vez de nada porque o pensamento pode apenas corresponder a algo *habens rationem alicuius realitatis*, não importa se na mente ou fora dela. Se, como sugeriu J.-F. Courtine, o termo *res* designa nesse caso «o conteúdo de uma representação qualquer, abstraindo de sua realidade *extra intellectum*, mas não da 'realidade' compreendida como a consistência própria do *cogitabile* ou do pensamento»,[10] aquilo que aí é pensado *a parte obiecti* é a própria intencionalidade do pensamento e da linguagem, oposta ao nada, ao *purum nihil*. Como especificará Suárez: *Nihil dicimus, cui nulla respondet notio*, enquanto o algo (*aliquid*) é *cui aliqua notio respondet*.[11] (O pensamento moderno começa, por sua vez, com a tese de Leonardo segundo a qual a linguagem sempre

---
9 Boulnois, p. 145.
10 Courtine, p. 184.
11 Cf. *Ibid.*, p. 252.

implica uma referência ao nada: «No que é dito nada se encontra, apenas no tempo e nas palavras» — cod. Arundel, fol. 131r).

O precursor clássico do conceito árabe-medieval de coisa é com toda probabilidade o *ti*, o «algo» que os Estoicos consideravam o gênero supremo, mais geral do que o do ser. É possível, como foi sugerido, que os comentadores tardios de Aristóteles, como Alexandre de Afrodísia e Simplício, tenham agido como intermediários entre os Estoicos e os árabes. Significativa é a crítica que dessa noção faz Alexandre (como Plotino, um convicto adversário da Estoa): «Aqui é possível demonstrar quão errados estão os Estoicos ao sustentar que o algo (*ti*) é o gênero a que o existente deve ser subsumido: se é algo, será também um existente, se é um existente, então será definido como existente. Eles procuram fugir desse dilema afirmando que existente se diz apenas dos corpos, e argumentam que o algo é um gênero mais alto, porque se predica tanto dos incorpóreos quanto dos corpóreos» (*In Top.* 4, 1-9). Na verdade, referindo-se o *ti* também aos incorpóreos, que podem ser nomeados e pensados sem que existam como corpos na realidade, os estoicos parecem considerá-lo implicitamente o correlato do pensamento e da linguagem, similar, nesse sentido, ao *cogitabile* como supratranscendental na escolástica.

4. Num ensaio importante, Jolivet[12] mostrou que a distinção entre essência e existência em Avicena não deriva apenas da leitura da *Metafísica* de Aristóteles (que, segundo a lenda, ele teria lido quarenta vezes), mas é

---
[12] Jolivet, *passim*.

O irrealizável

influenciada de modo decisivo pelas discussões teológicas dos *muta-kallimum* sobre a relação entre coisa e existência no Corão. De fato, é possível ler no Corão que Deus se dirige à coisa dizendo: «seja», o que, segundo os comentadores, parecia implicar a consequência inaceitável de que *shay*, a coisa, preexistisse a Deus. Por outro lado, no vocabulário dos gramáticos árabes, a coisa designa o sujeito de um predicado e, dado que se predicam os atributos de Deus, ele (como acontecera a Agostinho, que havia chamado de «coisa» a trindade) devia ser considerado uma «coisa». Entre a coisa e o problema teológico, havia, no entanto, outra e mais decisiva conexão. Antes de Avicena, já al-Farabi, distinguindo a existência (*al-mawgud*) da coisa (*shay*), havia lembrado que a distinção não pode ter lugar em Deus. Em Avicena, esse motivo volta com força, como voltará também com vigor nos teólogos cristãos: se a divisão entre essência (coisidade ou realidade) e existência, possibilidade e atualidade, domina o conhecimento de tudo que não é em Deus, no Primeiro Princípio ela deve cessar. A diferença, na verdade, tem seu fundamento na teologia e apenas numa perspectiva teológica assume seu verdadeiro significado. Elas são distintas nas criaturas apenas porque coincidem em Deus e, vice-versa, elas coincidem em Deus de modo que sejam separadas nas criaturas. No dispositivo da ontologia ocidental, o ser é cindido em essência e existência, mas essa fratura encontra em Deus, ao mesmo tempo, seu pressuposto e sua composição. Se a mente humana pode apreender e dominar a realidade apenas cindindo-a em dois planos distintos, sua unidade originária e sua possível rearticulação têm em Deus sua garantia.

A distinção entre essência e existência nos filósofos é complicada pelo fato de que, enquanto em grego o verbo *einai* tem tanto um significado existentivo («Deus é») quanto o valor de cópula gramatical («Deus é bom»), no árabe falta um verbo ser em sua função copulativa («*Zaid* é bom» e «Zaid é» implicam o uso de dois verbos diversos); portanto, como foi observado, para os filósofos árabes, Aristóteles ora fala da existência, ora da essência, mas nunca do ser como tal.[13]

5. O problema da modalidade em Avicena tem um significado crucial para compreender corretamente a relação entre essência e existência. De fato, em seu pensamento, de acordo com um processo que encontrará na escolástica seu cumprimento, a possibilidade tende a se sobrepor à essência, e o ato e a necessidade, à existência. Olga Lizzini mostrou que, se a essência é em si mesma possível e o Primeiro Princípio é o que a ela dá existência, «então aquilo que Avicena chama de 'coisa' se torna necessário em virtude de outra coisa».[14] Se a criação (a passagem da essência à existência) é concebida como uma passagem da potência ao ato, então a possibilidade ou potência se torna uma espécie de obscuro pressuposto ontológico anterior à criação. Mesmo que a possibilidade (ou a essência) fosse concebida como algo que existe no intelecto divino, em todo caso, a criação não poderia justificar a origem do possível e já não seria uma *creatio ex nihilo*, mas uma *creatio ex possibili*.[15] Se Avicena por vezes parece conceber a criação segundo o modelo do artista, no qual a possibilidade precede, na mente, sua realização, outras vezes a criação se

13 Graham, p. 226.
14 Lizzini, p. 124.
15 *Ibid.*, p. 125.

O irrealizável   44

realiza fora do tempo absolutamente a partir do nada, sem nenhum trânsito do potencial ao atual. Em todo caso, quando a escolástica, na esteira de Avicena, identificar essência e possibilidade e existência e ato, ela herdará com isso necessariamente uma série de aporias, que encontrarão sua massa crítica no argumento ontológico, isto é, no problema do trânsito da essência à existência e da potência ao ato em Deus.

6. A ambiguidade do termo *res* se transmite ao vocábulo dele derivado que a partir do século XIII desempenhará uma função essencial na filosofia do Ocidente: *realitas*, realidade (que para um ouvido habituado ao latim soava como, para nós, «coisalidade»). Olivier Boulnois, que a define corretamente como «uma invenção medieval»,[16] lembra que já um léxico do século XVII (o *Thesaurus philosophicus* de Étienne Chauvin) atribuía sua origem a Duns Escoto e à sua escola, com a curiosa especificação que dizia que «*realitas* é um diminutivo de *res*» e que os escotistas, que inventaram a palavra, distinguiam-na de *res* e a consideravam «algo menos do que uma coisa (*aliquid minus re*)».[17]

Escoto distingue o conceito de realidade (*realitas*) do de *res*, mas não como um simples diminutivo ou termo genérico: como na brancura (*albedo*) é possível distinguir vários graus de cores, da mesma forma numa *res* é possível distinguir várias *realitates* (numa coisa mais «coisalidade» ou modos de ser coisa). A *realitas* exprime o grau (*gradus intrinsecus rei* — mais tarde, Escoto preferirá falar de *modus intrinsecus*, de *realitas formae* e *formalitas*) de

---
16 Boulnois, p. 133.
17 *Ibid.*, p. 134.

I. *Res*   45

ser de algo. Como diz, alinhado com Escoto, o *Lexicon philosophicum* de Micraelius, do qual deriva o de Chauvin: «a realidade é algo na coisa (*realitas est aliquid in re*). Portanto, em toda coisa podem ser encontradas várias realidades e as realidades devem ser distintas da coisa em que são. Assim, no homem, se encontram a racionalidade, a animalidade, a substancialidade». Essas *realitates* são distintas — e, aqui, a ambiguidade terminológica é particularmente estridente — não *realiter* (ou seja, como coisas, *res*) mas apenas *formaliter*.

Entre a distinção real, que é aquela que se dá entre uma coisa e outra coisa, e a distinção de razão, que está apenas na mente, Escoto havia introduzido a distinção formal, que é menos do que uma distinção real e mais do que uma distinção de razão. É graças a essa distinção que numa mesma coisa pode haver mais *realitates*, como num mesmo homem, o gênero e a diferença específica, e em Deus, a divindade e a paternidade.

A distinção formal também permite compreender o modo como Escoto concebe a existência singular. No homem, a natureza comum e a diferença que o individualiza não são duas coisas, mas duas realidades na mesma coisa (*realitates eiusdem rei*), apenas formalmente distintas (*formaliter distinctae*). Assim, Escoto pode articular de modo novo e genial a diferença entre a essência e a existência: a existência não se distingue da essência como uma coisa da outra (*res et res*), mas é apenas a realização extrema (*ultimas realitas*, que por vezes Escoto chama também de «hecceidade» ou «heccoidade», *haecceitas*) da natureza ou essência comum. Ela «não se assume a partir de uma forma acrescentada, mas da última realidade da forma (*numquam sumitur a forma addita, sed praecise ab ultima realitate formae*)»

O irrealizável

(*Ord.* I, d. 3, n. 180). A existência não é algo que se acrescenta à essência, mas sua realidade extrema, o grau último da forma. Nas palavras de Escoto, esse caráter último da forma é sua perfeição real (*perfectio realis*), como tal simplesmente irredutível (*simpliciter simplex*, *Ord.* I, d. 3, n. 159).

A *res* e a *realitas*, a «coisa» e sua «coisalidade», estão em estreita relação e, no entanto, não coincidem. Nada é mais real do que a *res*, e, todavia, a *realitas* a implica e a aperfeiçoa. Tanto se, segundo a tendência dominante no pensamento medieval, a essência prevalecer sobre a existência, e a coisalidade tiver primazia sobre a coisa, quanto se o contrário for afirmado, em todo caso, a genealogia de nosso conceito de realidade nos conduzirá até o limiar de uma cisão fundamental.

Que o pensamento de Escoto foi influenciado de modo decisivo por Avicena é, ao menos a partir dos estudos de Gilson, óbvio. Curiosamente, isso não vale para o conceito de *realitas*, que, pelas razões sugeridas por M.-T. d'Alverny, é raro nas traduções latinas de Avicena. Ele aparece, todavia, duas vezes no *Liber tertius naturalium de generatione et corruptione*, não como tradução de *shay'yya*, mas de *al-wugud*, existência.

7. A tradução mais correta do termo *realitas* em Escoto não é, provavelmente, «realidade», mas «realização». As *realitates* que são inerentes à *res* exprimem vários graus ou níveis de realização (*perfectio*) da essência. Essa realização não deve ser concebida como o acréscimo de uma forma quiditativamente distinta, como uma coisa é distinta de outra (por exemplo, como a forma se acrescenta à matéria), mas como o realizar-se de uma

única *res*. Na brancura, escreve Escoto, não há composição de uma coisa com outra; há, antes, dois níveis distintos de realidades (*duae realitates formales*), «uma das quais é do gênero realizável (*perfectibilis*) por meio da realidade da diferença» (*Lect. I*, d, 8, n. 103). É significativo que Escoto compare a última realidade a um *quase actus*, «que determina a realidade quase possível e potencial (*quase possibilem et potentialem*) da espécie»: mas a passagem da potência ao ato aqui não é operada por outra forma ou essência, e sim pelo realizar-se da própria forma, por uma *ultima realitas formae*, que lhe confere a *perfectio realis*. Por isso, com razão Wolter pôde afirmar que o objeto da metafísica para Duns Escoto não é simplesmente o ente, mas o «existível», isto é, uma possibilidade que está sempre em ato de realizar-se no ser.[18]

É provável que o influxo do emanatismo aviceniano, ele mesmo derivado da *proodos* neoplatônica, tenha agido sobre a conceitualização escotista. Mostramos em outro lugar,[19] nos traços de um estudo de Dörrie, como o termo *hypostasis*, que ingressa no vocabulário da ontologia com o neoplatonismo, não designa apenas a existência, mas a existência como «realização», e que sua introdução altera profundamente a distinção aristotélica entre essência e existência. Enquanto em Aristóteles a essência era aquilo que resultava de uma pergunta destinada a apreender a existência, a existência, como hipóstase, é agora um resultado e uma realização da essência. Isso vale igualmente no pensamento medieval, cujas ligações com o neoplatonismo são, também por meio da mediação árabe, tão fortes quanto aquelas com o

---
18 Wolter, p. 69.
19 Agamben, 2014, p. 187.

aristotelismo. Uma das consequências da cisão do ser em essência e existência, possibilidade e realidade, é que a existência se apresenta agora como o resultado de um processo de realização concebido de maneira variada. A existência se torna, assim, uma «realização» — uma hipóstase — da essência. E, quando o termo *hypostasis* entra no vocabulário teológico para definir a trindade (*mia ousia, treis hypostaseis*, que os latinos traduzirão por *una substantia, tres personae*), o sentido da palavra, como aponta Gregório de Nissa, é «hipostasiação segundo a essência» (*kat' ousian* [...] *hyphestosa dynamis*), isto é, uma realização da essência.

8. É instrutivo seguir a história do termo «realidade» nos discípulos de Escoto. No *Tractatus de formalitatibus*, atribuído a Francesco di Meyronnes, um dos discípulos mais afiados de Escoto, o conceito de *realitas* do mestre é a tal ponto desenvolvido no sentido de «realização» que Francesco deve cunhar o verbo *realitare* (às vezes também na forma *realizare* ou *realificare*), talvez a primeira aparição de um termo que, a partir de Descartes, terá uma longa fortuna na filosofia moderna. «Realidade», soa sua peremptória definição, «é o modo intrínseco por meio do qual se realiza tudo aquilo que está em algo (*realitas est modus intrinsecus mediante qui realitantur omnia quae sunt in aliquo*).»[20] Com coerência, ele distingue três acepções do termo coisa: como substrato (*per modum substrati*), como predicado (*per modum praedicati*) e, por fim, aquele segundo o qual «a quididade se realiza por meio da realidade» (*quidditas realizatur per realitatem*).[21] No mesmo sentido, ele distingue a *substantia qualificata*,

---
20 Francesco di Meyronnes, p. 70.
21 *Ibid.*

I. *Res*

que é o substrato dos acidentes, daquela que chama *substantia realificata*, e nesta distingue ulteriormente a essência contraída por meio da hecceidade (*quidditas contracta per hecceitatem*), a existência em si e a *realitas* por meio da qual se realizou.[22]

Se é verdade, como sugere Boulnois,[23] que o nascimento do conceito de realidade deve ser buscado no debate do século XII sobre o estatuto da distinção formal entre essência e existência, também é importante lembrar que justamente por isso o conceito de realidade é inseparável de um processo modal de realização (da essência possível à existência necessária). Podemos, assim, dizer que o primeiro efeito da cisão da coisa do pensamento é que toda a realidade se transforma numa realização, o próprio ser é apenas um processo no qual um possível é incessantemente realizado.

Um teólogo franciscano, Petrus Aureolus, professa, contra Escoto, uma doutrina original, que acaba por negar a distinção entre a *realitas* e a *res*, entre a essência e a existência. É significativo que, para negar a distinção, ele tenha que forçar a terminologia da ontologia de seu tempo, afirmando, quase com um jogo de palavras, que *Nulla res differt realiter a realitate sua*, «nenhuma coisa difere realmente (coisalmente) de sua realidade (coisalidade). Se diferisse, seria outra realidade, consequentemente, não a sua» (*Comm. Sent.*, dist. 3, par. 4, n. 31-32). Também aqui o significado da frase se esclarece quando se traduz *realitas* por realização: nenhuma coisa difere de sua realização na existência.

---

22 *Ibid.*
23 Boulnois, p. 148.

9. Que o conceito de «realidade» implica, em seu

O irrealizável

nascimento, o significado modal de realização e, ao mesmo tempo, um nexo constitutivo com a criação divina do mundo, é algo evidente naquela que talvez seja a primeira ocorrência do termo na *Expositio in canonem missae*, de Odo de Tournai (séc. XI). Evocando implicitamente o *Prólogo* do Evangelho de João, ele escreve: «Foi feito do nada e, no entanto, estava na palavra (*factum est de nihilo, erat tamen in verbo*). Foi feito criativamente (*crealiter*) e era eternamente (*aeternaliter*). Estava na arte suprema (*in summa arte*), foi feito na coisa (*in re*); vivia na razão do artífice formalmente (*formaliter* — segundo outra possível leitura: *formabiliter*, de modo formável, realizável), foi feito de modo substancial na realidade subsistente (*in realitate subsistenti substantialiter*). Saiu do nada (*de nihilo prodiit*) para ser substancialmente aquilo que tinha sido feito. Vivia na palavra para ser formalmente antes de ser substancialmente» (PL 160, 1053-1070, col. 1060 A). Retomando o paradigma agostiniano da *arca in arte* e da *arca in opere* (*In Johannis Evang.* 1.1: *Faber facit arcam. Primo in arte habet arcam. Si enim in arte arcam non haberet, non esset ut fabricando illam proferret* [...] *arca in opere non est viva, arca in arte vita est; quia vivit anima artificis, ubi sunt ista omnia antequam proferantur*),[24] Odo articula os dois momentos da criação (na forma e na substância, na palavra e na criatura) como um processo de realização que vai da possibilidade na mente do artífice à realidade substancial. Se é verdade que a centralidade do conceito de criação marca a novidade da concepção cristã do mundo, não menos decisivo para a história do Ocidente é

---

24 «Um carpinteiro faz uma arca. Ele tem, em primeiro lugar, a arca em sua arte, pois, se ele não tivesse a arca na arte, de onde ele iria fazê-la sair ao fabricá-la? [...] A arca no trabalho não é viva, a arca na arte é vida, porque ela vive pela alma do carpinteiro, onde estão todas as coisas antes de serem proferidas.» [N. T.]

I. *Res*

que a realidade se torna desse modo o fruto de um contínuo processo de realização. A palavra se realiza no mundo e este não é, portanto, senão o incessante dar-se realidade da palavra. Nesse sentido, que a *creatio divina* seja pensada pelos teólogos como uma *creatio continua*, sem a qual as criaturas se aniquilariam, é algo que confirma a inseparabilidade de processo criativo e realidade. A transformação tecnológica da natureza, a cujo desenvolvimento ilimitado hoje assistimos, não seria pensável se a realidade não tivesse sido concebida, em seus inícios, como uma *realitas*, e esta como uma criação e uma realização.

Mostramos em outra ocasião como a liturgia sacramental é o lugar em que o ser e o agir se colocam sob o paradigma da realização e da efetividade. É significativo que Ambrósio situe assim entre a matéria e a forma «um terceiro que se chama operatório, a quem compete efetuar (*tertium* [...] *quod operatorium dicitur, cui suppeteret* [...] *efficere*)». O ser é agora efetividade e efetuação, quase como se possuísse em seu interior, nas palavras de Mario Vittorino, «uma íntima operação»: «O próprio operar é, com efeito, o ser, ao mesmo tempo e simplesmente (*ipsum enim operari esse est, simul et simplex*)».[25]

10. Na escolástica tardia, em cuja formulação sistemática a *Philosophia prima sive ontologia* será transmitida à modernidade, o problema da possibilidade encontra consequentemente seu lugar tópico na definição da essência. A essência é aquilo que por primeiro se concebe do ente (*quod primum de ente concipitur*), e a

---
25 Agamben, 2012, p. 65.

realidade de um ente se define simplesmente por meio de sua possibilidade, isto é, por não conter nada que nela exclua a existência (*ens dicitur, quod existere potest, consequenter cui existentia non repugnat*). Essa não repugnância ao existir que define a possibilidade (*non repugnantia ad existendum, seu existendi possibilitas*) é um caráter intrínseco (*quidanam intrinsecum*) do ente. Na densa formulação de Baumgarten, essência e possibilidade se identificam: «a essência é o complexo dos atributos essenciais num possível, ou melhor, sua possibilidade interna (*complexus essentialium in possibili, seu possibilitatis eius interna*)».[26] No vocabulário da Escolástica, a *realitas*, a «coisalidade», coincide com sua essência, e esta, com sua possibilidade.

Nessa perspectiva, a existência torna-se simplesmente um *complementum possibilitatis*, o cumprimento ou a realização das possibilidades internas contidas na essência: «Defino, assim, a existência como um complemento da possibilidade».[27] Como as explicações que seguem essa definição mostram com clareza, a existência é aí concebida como algo que se acrescenta à essência para nesta realizar a possibilidade (*quod accedere debeat* [...] *ut possibilitas compleatur*) e «transferir o ente do estado da possibilidade ao estado da atualidade» (*ut ens ex statu possibilitatis in statum actualitatis traducatur*).[28] A realização está inscrita na essência como sua possibilidade mais própria.

Já nas *Disputationes metaphysicae* de Suárez (II, 4, 7), que, junto com Leibniz, constituem o modelo das tratativas de Wolff e Baumgarten, a essência real de um ente havia sido definida como

---
26 Baumgarten, par. 40, p. 8.
27 Wolff, par. 174, p. 143.
28 *Ibid.*

I. *Res*   53

aquilo que não implica em si nenhuma repulsa a existir (II, 4, 7) e, antes, contém, com uma expressão que Leibniz retomará em sua *inclinatio ad existendum*, uma atitude à existência (*eius ratio consistit in hoc, quod sit habens essentiam realem, id est non fictam nec chymericam, sed veram et aptam ad realiter existendum* — II, 4, 3). Nesse sentido, se é possível falar de um primado da essência e da possibilidade sobre a existência, nem por isso as mais ou menos conscientes aporias implícitas na cisão são resolvidas. Se a essência real em si não está em ato, todavia — escreve Suárez — ela não pode ser concebida sem uma relação com a existência atual (*intelligi non potest sine ordine ad esse et realem entitatem actualem*), de modo tal que, «mesmo que o existir em ato não seja da essência da criatura, todavia o ser ordenado a existir, ou, ainda, a atitude para existir — *ord ad esse vel aptitudo essendi* —, pertence a seu intrínseco e essencial conceito (*est de intrinseco et essentiali conceptu ejus* — II, 4, 14)».

Com uma circularidade evidente que define o funcionamento da máquina ontológica, a essência só pode ser definida por meio da existência, a qual, por sua vez, nada mais é do que seu complemento e sua realização. E, quando Suárez escreve (II, 4, 6) «a essência de uma coisa (*essentia rei*) é o primeiro, radical e íntimo princípio de todas as ações e propriedades que convêm à coisa», não está claro o que aí significa *res* e se o termo por sua vez não trai apenas o fato de que não se pode falar de «essência» e «existência» sem pressupor a «coisa» (a palavra «coisa»), de cuja cisão elas resultam.

O irrealizável

II. A existência de Deus

O argumento ontológico é o lugar em que a cisão da «coisa» do pensamento e, ao mesmo tempo, a necessidade de recompor a fratura que ela implica aparecem com força no pensamento medieval. Ele nos interessa não apenas, ou não tanto, como tentativa de provar a existência de Deus, mas sobretudo pela modalidade em que busca demonstrá-la. Essa modalidade foi expressa por Leibniz com a fórmula: *transitus mirabilis de potentia ad actum*; isto é, o argumento ontológico pretende provar a existência de Deus pensando uma possibilidade que passa imediatamente ao ser. Se nos esquecemos — algo que às vezes são os próprios autores a fazer — de que a possibilidade aqui é uma categoria ontológica e não meramente lógica, deixamos escapar a significação filosófica do argumento. Quando os estudiosos modernos se opõem ao argumento de que isso implica um deslocamento legítimo de uma noção lógica de possibilidade a uma eficácia real, é essa natureza ontológica da modalidade que permanece na sombra.

Quando Anselmo, contra o *insipiens* dos Salmos (13, 1) que «diz em seu coração que Deus não existe», admite que quem entende uma frase não necessariamente compreende que aquilo que entende existe na realidade, porque «compreender que uma coisa está no intelecto é diferente de uma coisa existir (*aliud enim est rem esse in intellectu, aliud intelligere rem esse*)»,[1] é a noção meramente lógica de possibilidade que ele pretende colocar de lado. Há,

---
[1] Anselmo, p. 12.

todavia, um único caso — Deus, «aquilo sobre o que não se pode pensar nada maior» — em que a inteligência da possibilidade de uma coisa e a de sua realidade coincidem. Se o insensato pode dizer que Deus não existe, isso é porque ele não compreendeu verdadeiramente aquilo que acreditava ter pensado. Com efeito, é possível pensar uma coisa pensando apenas na palavra que a significa (*cum vox eam significans cogitatur*) ou pensando, na palavra, a própria coisa (*cum idipsum quod res est intelligitur*). No ponto em que se pensa Deus — aquilo sobre o que não se pode pensar nada maior — desse segundo modo, possibilidade e realidade, *esse in intellectu* e *esse in re* necessariamente se identificam. Isto é, Deus é o garantidor da coincidência entre os dois fragmentos da diferença ontológica, a essência e a existência, a possibilidade e a realidade, divididos em toda parte. É, por isso, como dirá a escolástica, o *Ens realissimum*, que desde sempre já se realizou.

Que o argumento ontológico se baseia numa passagem obrigatória da coisa possível à coisa real, na qual modalidade ontológica e modalidade lógica correm o risco de se confundir, é evidente na exemplificação que Anselmo introduz para provar seu rigor. Ele evoca o caso — paradigma tópico que já vimos em Agostinho para explicar a passagem da potência ao ato por meio da criação — de um pintor que, «quando pensa antecipadamente (*praecogitat*) o quadro que deve fazer, tem em mente aquilo que ainda não fez, mesmo que ainda não compreenda que ele existe. Mas, assim que o pinta (*cum vero iam pinxit*), então o tem na mente e, ao mesmo tempo, compreende que aquilo que fez existe».[2] Como a arca já era real na mente do artífice, de modo que,

---
2 *Ibid.*

O irrealizável

por assim dizer, sua realização já estava implícita nela, também o insensato, que entende em seu intelecto a proposição «Deus é aquilo acerca do qual não há nada maior», pode apenas, se verdadeiramente a compreende, deduzir de imediato a existência daquilo que compreendeu. É evidente que, para Anselmo, a menos que no pensamento a palavra seja artificialmente separada, a linguagem, se de fato entendida, refere-se necessariamente à *res*, à coisa que significa. Se essa coisa é tal a ponto de implicar a necessidade de sua existência, como acontece com a palavra Deus, e apenas com ela, por significar aquilo sobre o que nada maior se pode pensar, então entender a palavra significa admitir que Deus existe.

É nessa perspectiva que é preciso ler o contemporâneo e genial libelo de Gaunilone em defesa do insensato (*Liber pro insipiente*). Gaunilone consegue mostrar que, se o quadro ou o baú já são reais na arte do artífice (*in arte artificis*) porque são parte de sua inteligência e, como tais, vivos (*arca quae est in arte vita est*), enquanto o baú que se realiza fora dele não está vivo (*arca quae fit in opere nos est vita*), isso não pode valer para uma coisa «simplesmente ouvida ou cogitada» (*excogitatum*),[3] porque aí a realidade da coisa e sua intelecção serão, pelo contrário, heterogêneas e reciprocamente indedutíveis. Mesmo que fosse verdade que há algo sobre o qual não se pode pensar nada maior, certamente isso não estaria na inteligência de quem o pensa do mesmo modo que a pintura ainda não pintada já está viva e presente na arte do pintor. Pelo contrário, existiria como uma frase ou um nome que estão na mente de quem as ouviu e procura imaginar seu significado, que ainda não conhece.

---
3 Gaunilone, pp. 58-60.

II. A existência de Deus

A originalidade Gaunilone não está tanto na refutação da passagem da possibilidade na mente à realidade nas coisas, indevidamente exemplificada por Anselmo no modelo do artífice, mas sobretudo em ter imaginado em sua defesa do insensato uma dimensão de linguagem e de pensamento que ele chama «pensamento da simples palavra» (*cogitatio secundum vocem solam*), no qual, mesmo pensando uma palavra significante, necessariamente não se entende a coisa nela significada (Anselmo: *id ipsum quod res est*). Trata-se de um pensamento que pensa «não tanto a palavra em si, que é uma coisa de algum modo verdadeira, isto é, o som das sílabas e das letras, quanto o significado da palavra ouvida; todavia, não como é pensado por quem conhece o que com frequência se significa com aquela palavra (da qual é pensado segundo a coisa — *secundum rem*), mas, antes, como é pensado por quem não conhece seu significado e pensa apenas segundo o movimento da alma que busca representar o efeito da voz ouvida e o significado da voz percebida».[4] Nessa experiência de linguagem, que é a do insensato, mas que Gaunilone identifica como a experiência da palavra como tal, suspensa de algum modo entre o mero som e a denotação em ato, é possível perceber uma palavra significante (por exemplo, a palavra Deus) sem ter que admitir a existência da coisa significada, como alguém que tivesse ouvido falar da lendária ilha que alguns chamam de «perdida» (*Perdita*) e sobre a qual se conta que tem mais riquezas e delícias do que qualquer outra ilha conhecida pelos homens: «se alguém quisesse me persuadir de que essa ilha existe e de que não se pode duvidar disso, eu acreditaria que está brincando ou não saberia quem seria

---

4 *Ibid.*, p. 62.

O irrealizável

mais estúpido, eu, caso acreditasse, ou ele, se pensa ter provado que a ilha existe sem antes ter demonstrado que ela está em minha inteligência como uma coisa verdadeira e indubitavelmente existente, e não apenas como algo falso ou duvidoso».[5]

2. A refutação do argumento ontológico que Tomás desenvolve no início de sua *Suma* não é muito diferente daquela de Gaunilone. Contra aqueles que pretendem que a compreensão do que significa o nome Deus implica sua existência, ele objeta sobretudo que, uma vez que nós não temos um conhecimento adequado da essência, sua existência para nós não é por si só óbvia. Certamente em Deus essência e existência coincidem, mas de forma alguma é possível provar isso, como pretende Anselmo, a partir de uma definição, porque tudo aquilo que temos de Deus são apenas nomes. «Mesmo se se concebe que todos compreendem que o nome Deus significa aquilo sobre o qual nada se pode pensar maior, não quer dizer necessariamente que aquilo sobre o qual nada se pode pensar maior exista também na natureza [...] a partir disso, com efeito, que a mente concebe o que se entende com o nome Deus, não se segue daí que Deus exista, a não ser no intelecto (*non sequitur Deum esse nisi in intellectu*)» (*S.th.*, I, q. II, art. I).[6]

Em sua primeira obra sistemática, o *Comentário às sentenças*, a refutação é menos peremptória, porque ele admite que o significado do nome de Deus é em si óbvio e que o argumento de Anselmo deve ser entendido no sentido de que, «uma vez compreendido Deus, não se pode entender que Deus exista e ao mesmo tempo

---
5 *Ibid.*, pp. 64-6.
6 Tomás de Aquino, *Suma teológica*, I, trad. Aldo Vannucchi, Bernardino Schreiber *et al.* São Paulo: Loyola, 2009.

pensar que não exista» (*postquam intelligimus Deum, non potes intelligi, quod sit Deus et possit cogitari non esse*). Disso, todavia, não decorre que o insensato não possa pensar que Deus não exista, «a partir do momento em que pode pensar que não existe algo acerca do qual não se pode pensar nada maior» (*In I Sent.*, dis. III, q. I, art. 2).

Mais uma vez, a validade do argumento ontológico depende da experiência da linguagem nele subjacente. A oscilação entre modalidade lógica e modalidade ontológica, em que parecem cair tanto os que sustentam o argumento quanto seus críticos, corresponde à cisão da «coisa» da linguagem, sobre a qual traçamos uma sumária genealogia. Para Tomás, o que está em questão é o duplo significado — existentivo e copulativo — do verbo ser nas línguas indo-europeias, ao qual voltaremos e do qual ele, a seu modo, está perfeitamente ciente. Poucas páginas depois, com efeito, ele escreve: «Deve-se notar que 'ser' se diz de dois modos. No primeiro, significa o ato de existir (*actum essendi*). No segundo, significa, pelo contrário, a composição nas proposições, que a alma encontra juntando o predicado com o sujeito. Se se assume 'ser' no primeiro significado, não podemos conhecer que Deus existe nem sua essência; isso só é possível no segundo modo» (*S.th.*, I, q. III, art. 4). Podemos entender a proposição: «Deus é aquilo sobre o qual não se pode pensar nada maior», em que «é» tem valor de cópula gramatical; mas entender com similar certeza a proposição existentiva «Deus é» não é possível. Começa aqui aquele processo de progressiva separação da existência da essência, que levará, a partir de Kant, à sua oposição («ser não é um predicado real»).

O irrealizável

3. Não causa surpresa o fato de Escoto, depois da refutação do mestre dominicano, retomar em novas bases o argumento ontológico e se aventurar várias vezes com uma demonstração *a priori* da existência divina. Seguiremos aqui a exposição do capítulo III do *De primo Principio* (par. 44-57), que se encontra quase literalmente na subsequente *Ordinatio* (d. II, p. I, q. 1-2), sem reproduzir integralmente suas argumentações minuciosas, que se articulam por meio de conclusões, demonstrações e corolários, segundo um cânone expositivo que aparentemente influenciou Espinosa. Escoto afirma que sua demonstração não se refere a um «único indivíduo segundo o número», mas a uma «quididade ou natureza» (a prova da existência concerne, portanto, não a Deus, mas à divindade) e que ela procederá a partir do possível (*de possibili*) e não do atual (*de actu*), porque as provas segundo o ato são contingentes e dizem respeito apenas à existência atual, enquanto as primeiras são necessárias e se referem também à existência possível ou quididativa (par. 43-45). Decisivo é compreender a estratégia a guiar a demonstração que, partindo de um ser possível, funda-lhe a necessidade, exibindo-o como incausável e inefetivável (o primeiro princípio é *inneffectibilis*, isto é, irrealizável).

A primeira tese (ou, por ser demonstrada, *conclusio*) defende que é possível haver uma natureza efetiva, isto é, capaz de produzir em ser (*aliqua est natura in entibus effectiva*, par. 44). Se há uma natureza efetivável — ou seja, que pode ser colocada em ser e realizada —, então haverá também uma natureza efetiva, porque a primeira não pode colocar-se em ser por si só. A segunda *conclusio* é que há um efetivo absolutamente primeiro, isto é, não efetivável e efetivo por virtude própria. Se é negado, ele será então realizável por um outro (*effectibile ab alio*), e, nesse caso, será preciso repetir o argumento precedente e, desse modo, voltar até o infinito, o que é impossível (*infinitas est impossibile ascendendo*). Existe, portanto, um eficiente primeiro (par. 46). A terceira conclusão é que o efetivo absolutamente primeiro é incausável, porque irrealizável (*ineffectibile*) e efetivo independentemente de outro. Também isso se prova porque se fosse causável em virtude de outro novamente deveria ser admitido um processo ao infinito e remontar, a cada vez, até um ser incausável e inefetivável.

A quarta e decisiva conclusão é que o efetivo absolutamente primeiro existe em ato (*est in actu existens*). Também aqui a demonstração procede a partir do possível: se pode existir (*si potest esse*) algo cuja razão rechaça poder ser de outros (*posse esse ab alio*), então existe por si mesmo (*a se*). Mas, como demonstrado na terceira conclusão, à razão do primeiro efetivo poder ser em virtude de outro causa rechaço, e, todavia, isso é possível (como resulta da primeira). Portanto, o efetivo absolutamente primeiro pode existir por si. Nesse ponto, a quinta conclusão pode afirmar que o incausável existe necessariamente por si mesmo (*incausabile est ex se necesse esse*). Com efeito, por si mesmo (*ex se*) é impossível que não seja, porque apenas aquilo que é incompossível consigo mesmo pode não ser. Mas para um incausável não pode haver nada de incompossível, porque esse incompossível seria ou por si ou por outro. Se fosse por si, então — segundo a quarta *conclusio* — existiria em ato e haveria ao mesmo tempo dois incompossíveis, o que é impossível porque se excluiriam mutuamente. E, se, pelo contrário, fosse por outro, nem mesmo nesse caso poderia impedir ao incausado existir necessariamente, porque nenhum causado pode ter um ser mais veemente e potente (*vehementius vel potentius*) do que o ser incausado.

Os estudiosos modernos objetaram contra o argumento de Escoto dizendo que implica um deslizamento de uma noção lógica de possibilidade a uma eficazmente causal. A objeção acerta, como vimos, apenas parcialmente, porque a possibilidade é, para Escoto, uma categoria lógica e, ao mesmo tempo, ontológica. Quando ele escreve que «a uma possibilidade lógica corresponde uma possibilidade real (*huic possibilitati logica correspondent possibilitas realis*)» (*Lectura* I, d. 39, q. 1-5, n. 51), ele não quer tanto separá-las, mas mostrar justamente que se correspondem. Pelo contrário, o que lhe importa é que em Deus possibilidade e existência coincidem, isto é, acontecem juntas, e que, portanto, ele é não apenas incausável mas também irrealizável (*ineffectibilis*), ou seja, que não pode ser causado e produzido no ser. Nesse sentido, a possibilidade — ao mesmo tempo lógica e real — de um ser primeiro e inefetivável se converte *ipso facto* em sua existência.

Não menos importante, todavia, é definir a estratégia em que tal coincidência está inscrita, e em vista da qual deve ser a todo custo provada. A coincidência entre possibilidade e existência serve, na realidade, para fundar, na mesma medida, sua divisão nas criaturas (mesmo num autor que, como Escoto, não a considera uma divisão real, mas apenas formal). Isso pode ser compreendido considerando a sexta tese que conclui a prova: «a necessidade de existir por si convém a apenas uma natureza (*uni soli natura convenit*)» (par. 57). Não nos interessam aqui os argumentos com os quais Escoto demonstra a coincidência, mas a consequência que ele não profere: se há apenas um ser cuja possibilidade e existência coincidem, então em todos os outros entes elas podem ser divididas. E, de modo reverso, se possibilidade e existência são divididas nas criaturas, então deve haver um ser — e um só — no qual elas coincidam. A máquina do argumento ontológico serve para provar ao mesmo tempo a coincidência e a separação entre possibilidade e realidade. Uma vez que há um irrealizável, todo o resto é realizável — e, vice-versa, se tudo é realizável, então deve haver um irrealizável.

4. O argumento ontológico reaparece inesperadamente em Descartes. Como Tomás, ele objeta a Anselmo que seu argumento se funda apenas na compreensão de um nome e a única consequência que disso legitimamente se pode tirar é que, «quando se compreende e se entende o que significa o nome de Deus, entende-se que ele significa uma coisa que existe efetivamente e está no intelecto; mas nem por isso o que é significado por um nome parece ser verdadeiro».[7] O argumento que ele propõe, pelo contrário, refere-se não à compreensão de um nome, mas àquela «da natureza, da essência ou da forma imutável de uma coisa»,[8] e «tudo aquilo que eu percebo clara e distintamente como pertencente a uma coisa, pertence verdadeiramente àquela coisa (*re vera ad illam pertinere*)».[9] E, uma vez que Deus é o ser absolutamente perfeito (*Ens perfectissimum*), disso decorre que a existência pertence a sua natureza com a mesma necessidade que o

---
7 Descartes, *Primae responsiones*, p. 115.
8 *Ibid.*
9 Descartes, *Meditationes*, p. 65.

O irrealizável

fato de que a soma dos ângulos de um triângulo é igual a dois ângulos retos pertence à natureza do triângulo.

Já foi observado que Descartes joga com o significado do termo «coisa», que parece designar tanto uma essência ou uma ideia quanto um objeto existente fora da mente. E contra sua prova foi objetado que ela implica uma passagem falaciosa de uma possibilidade lógica a uma possibilidade real, e que, justamente porque se dava conta da fraqueza de seus argumentos, nas *Primeiras respostas* às objeções que lhe eram dirigidas, ele elabora uma nova forma do argumento, na qual Deus se apresenta como *causa sui*. Ele especifica, todavia, que esse conceito não deve ser entendido apenas de forma negativa, no sentido de que não há uma causa para sua existência, mas também positivamente, no sentido de que a potência de Deus é tal que ele desde sempre já se trouxe à existência: «Quando nós dizemos que Deus é por si, podemos também, para dizer a verdade, compreender isso apenas negativamente, e não pensar em nada mais, a não ser que não há nenhuma causa para sua existência; mas, se primeiro procuramos a causa pela qual ele é ou pela qual não cessa de ser, e, considerando a imensa e incompreensível potência que está contida em sua ideia, nós a reconhecemos tão plena e abundante que, com efeito, ela é a causa pela qual ele é e não cessa de ser e não pode ser outra senão essa, nós dizemos que Deus é *por si*, já não negativamente, mas, pelo contrário, no modo mais positivo [...] assim, com efeito, sempre devemos interpretar positivamente essa palavra *ser por si* como se significasse ser por uma causa, isto é, por uma superabundância de sua própria potência».[10]

---

[10] Id., *Primae responsiones*, pp. 110-2.

II. A existência de Deus

O fato é que com Descartes o conceito escolástico de *realitas*, que coincidia com a essência e a quididade, sofre uma transformação que o desloca decisivamente à existência. Em sua análise do conceito de realidade nas *Meditações*, J.-C. Bardout pôde escrever que em Descartes «a realidade já não é uma forma ou um elemento que pertence à essência, mas muda, por assim dizer, para a existência».[11] É importante não deixar escapar que essa verdadeira «existencialização da realidade»[12] se produz porque, a partir da terceira *Meditação*, a noção de *realitas* se liga intimamente à de causa. Descartes afirma várias vezes que a realidade do efeito provém de sua causa e que é evidente «que deve haver não menos realidade na causa eficiente e total do que em seu efeito, porque de onde poderia o efeito derivar sua realidade (*assumere realitatem*) senão a partir da causa?».[13] Como sugere Bardout, «a realidade é tratada como um existente, precisamente na medida em que a realidade já está suspensa na eficiência de sua causa».[14] Isso significa que Descartes, desenvolvendo ideias que já vimos presentes em Escoto, concebe a realidade e a existência como o resultado de um processo de efetivação — isto é, não como uma realidade, mas como uma realização (por isso, ele pode usar para a realidade também o termo *perfectio*). E é essa concepção — não menos significativa do que sua doutrina do sujeito — que ele deixa como herança à filosofia moderna.

Nessa perspectiva, a verdadeira novidade do argumento cartesiano, que o retira da circularidade na qual de outro modo pode recair, é que ele se funda na experiência de uma potência ou possibilidade

---

11 Bardout, p. 186.
12 *Ibid.*, p. 195.
13 Descartes, *Meditationes*, p. 108.
14 Bardout, p. 187.

que excede toda dedução lógica. «A luz natural certamente dita que não há nada acerca do qual não seja possível se perguntar por que existe [...] Admito, porém, que pode existir algo em que haja uma tão grande e inesgotável potência (*tanta et tam inexhausta potentia* — a versão francesa traduz: *une puissance si grande et si inépuisable*), que não tem necessidade de nada para existir [...]. Entendo ser isso Deus.»[15] Descartes volta várias vezes a essa ideia de uma potência divina excedente e superabundante, na qual a possibilidade já não é um simples conceito, mas contém em si uma verdadeira força, uma *vis existendi*. «O que tem a força de existir por si (*vim per se existendi*) também deve ter, sem nenhuma dúvida, a força de possuir em ato todas as perfeições cujas ideias concebe, isto é, todas aquelas que eu concebo ser em Deus.»[16]

5. A ideia cartesiana da possibilidade como potência e *vis existendi* é acolhida, ainda que com algumas diferenças, tanto por Espinosa quanto por Leibniz. A *Ética* de Espinosa se abre com uma definição que já contém em si o argumento ontológico: «Por causa de si (*causa sui*) entendo aquilo cuja essência envolve a existência: ou seja, aquilo cuja natureza não pode ser concebida senão como existente». A proposição VII da I parte enuncia coerentemente a prova nestes termos: *Ad naturam substantiae pertinet existere*, que a demonstração prova precipitadamente: «Uma substância não pode ser produzida por outra coisa [...]; ela será, portanto, causa de si, isto é [...], sua essência necessariamente envolve a existência, ou seja, à sua natureza pertence o existir».

---
15 Descartes, *Meditationes*, p. 108.
16 *Ibid.*, p. 50.

A essa demonstração foi objetado — e o primeiro a fazer isso foi Leibniz — que ela transformava uma inferência lógica numa inferência causal. Isso significa não compreender que Espinosa parte justamente da *causa sui* cartesiana e de sua *vis existendi*. Isso é evidente já em sua primeira obra, na qual expõe os *Princípios da filosofia de Descartes*. Nela, comentando a passagem de Descartes na qual está em questão a potência de conservar a si próprio, Espinosa já enuncia discretamente numa nota aquilo que será o princípio fundamental de seu pensamento, isto é, que «a força por meio da qual uma substância se conserva não é outra senão sua essência e dela difere apenas nominalmente». No apêndice, ao qual a nota remete, lê-se, portanto, que «a potência de Deus não se distingue de sua essência» (cap. III) e se especifica que a essência divina nada mais é que a força por meio da qual Deus persevera em seu ser, isto é, sua vida: «Chamamos de vida a força por meio da qual as coisas perseveram em seu ser; e, uma vez que essa força é distinta das coisas em si, dizemos propriamente que as próprias coisas têm a vida. Mas a força por meio da qual Deus persevera em seu ser nada mais é que sua essência; portanto, dizem bem aqueles que afirmam que Deus é a vida» (cap. VI). Na proposição VII da terceira parte da *Ética*, ele chamará essa força de *conatus*: «A tensão (*conatus*, a tradução costumeira, «esforço», é imprecisa) com a qual cada coisa tende a perseverar em seu ser não é senão a essência atual da própria coisa». Em todo caso, na demonstração da proposição VII dos *Princípios*, o elemento decisivo é a *vis se ipsum conservandi* e ele pode enunciar o argumento ontológico na forma: «Quem tem a potência de conservar a si mesmo, sua natureza implica a existência necessária», e escrever, consequentemente, que «quem tem a força de conservar a si mesmo [...] não tem necessidade de nenhuma causa externa para existir, uma vez que sua natureza é causa suficiente tanto possível quanto necessária».

Também no escólio da proposição xi da primeira parte da *Ética*, na qual o argumento é mais uma vez enunciado, a demonstração da existência de Deus se funda na potência ou força que ele tem para existir: «Pois, se poder existir é uma potência, segue-se que, quanto maior é a realidade que diz respeito à natureza de uma coisa, tanto mais ela terá forças para existir; e, portanto, o ser absolutamente infinito, ou seja, Deus, tem por si mesmo uma potência absolutamente infinita de existir, e, por isso, existe de forma absoluta».

Por isso, Espinosa deve separar a potência da simples possibilidade como categoria modal: enquanto a potência coincide com a essência atual de cada coisa e com o *conatus* de perseverar em seu ser, a simples possibilidade, que ele também chama de contingência, exprime apenas um defeito de nosso conhecimento: «Uma coisa sobre a qual não sabemos que sua essência envolve uma contradição ou sobre a qual sabemos bem que ela não envolve nenhuma contradição, mas sobre cuja existência, por nos escapar a ordem das causas, nada de certo se pode afirmar, essa coisa não pode ser chamada nem necessária nem impossível, e por isso dizemos que é contingente ou possível» (*Eth.* I, prop. XXXIII, esc. I).

O que está em questão no argumento ontológico espinosiano não é a possibilidade como categoria modal, mas uma potência ou uma força atual, e não pode haver propriamente passagem da potência ao ato, porque a potência já é real e não tem necessidade de se realizar. É a falta de consciência desse ponto decisivo por parte dos filósofos, que se obstinam em procurar uma passagem entre os dois planos do ser, que produz o contínuo deslizamento de um plano lógico-modal a uma potência ontológica, e vice-versa, o que torna tão frequentemente contraditório o argumento tanto dos autores quanto de seus intérpretes.

6. A crítica de Leibniz ao argumento de Descartes permanece no interior de uma concepção lógico-modal da prova. Mais uma vez, trata-se de encontrar aquele *admirabilis transitus de potentia ad actum* que todos procuraram sem jamais conseguir por completo. Ignorando a *vis existendi,* ainda tão fortemente evocada por Descartes e Espinosa, ele com efeito sustenta que o argumento destes é falacioso, porque pode funcionar apenas se tiver o pressuposto de que Deus seja possível. «Descobri», escreve a Hermann Conring, «que de suas argumentações se deduz que Deus existe de forma necessária, apenas se se supõe que seja possível (*quod deus necessario existat, si modo possibilis esse ponatur*).» Descartes procurou sem conseguir, ele acrescenta, «ou provar com um sofisma essa possibilidade da existência divina ou livrar-se da obrigação de prová-la».[17]

Leibniz propõe duas correções diferentes para o argumento cartesiano. A primeira, que diz ter mostrado «ao senhor Espinosa» (*Domini Spinosae*) enquanto estava em Haia, consiste em provar que todas as perfeições são compatíveis, isto é, podem ser no mesmo sujeito. «Pode, portanto, dar-se um sujeito de todas as perfeições, isto é, o Ente perfeitíssimo. Portanto, é evidente que este existe, a

---
17 Leibniz, I, p. 188.

partir do momento em que a existência está contida no número das perfeições.»

No texto de 1701 «De la Démonstration cartesienne de l'existence de Dieu du R. P. Lami» ele, por sua vez, reformula a prova deste modo: *Si l'être nécessaire est possible, alors il existe*.[18] O rigor do argumento consiste no fato de que o ser necessário e o ser que existe por sua essência são a mesma coisa. Negar que o ser por si é possível significa negar toda possibilidade: *Car si l'être de soi est impossible, tous les êtres par autrui le sont aussi; puis qu'ils ne sont enfin que par l'être de soi; ainsi rien ne sçauroit exister. Ce raisonnement nous conduit à une autre importante proposition modale, égale à la précédente, et qui, jointe avec elle, achève la démonstration. On la pourroit énoncer ainsi: si l'être nécessaire n'est point, il n'y a point d'être possible. Il semble que cette démonstration n'avoit pas été portée si loin jusqu'ici.*[19]

É singular que, mesmo recorrendo a um argumento que se funda na *causa sui*, Leibniz não evoque o motivo, presente tanto em Descartes quanto em Espinosa, da potência como *vis existendi*. Ainda mais singular, dado que uma das prestações mais originais de seu gênio filosófico é justamente uma nova teoria da possibilidade, na qual, como já foi notado, ele parece estender a toda existência a lógica do argumento ontológico.[20] Ela tem sua formulação decisiva no teorema segundo o qual

---

18 «Se o ser necessário é possível, então ele existe.» [N. T.]
19 Leibniz, IV, pp. 405-6. («Pois se o ser por si é impossível, todos os seres por outros também o são; já que, por fim, eles são apenas pelo ser por si; assim, nada poderia existir. Esse raciocínio nos conduz a outra importante proposição modal, igual à precedente, e que, unida a ela, completa a demonstração. Poderíamos enunciá-la assim: se o ser necessário não é, não há o ser possível. Parece que essa demonstração não havia sido levada tão longe até agora.» [N. T.])
20 Lovejoy, p. 18.

omne possible exigit existere. A possibilidade cessa de ser uma categoria meramente lógica e contém, de forma constitutiva em seu interior, uma exigência ou uma inclinação a existir: *nisi in ipsa essentiae natura* — lê-se em *De veritatibus primis* — *quaedam ad existendum inclinatio esset, nihil existeret*.[21] Para isso, ele distingue a «potência nua» pensada pelos escolásticos, que «tem necessidade de uma excitação externa e quase de um estímulo para ser transferida ao ato», da potência como «força ativa», que, se não existem impedimentos, coloca-se em ato por si mesma, e pode ser comparada «a um peso suspenso que estica uma corda que a mantém levantada ou a um arco tensionado».[22] Em outro texto, para exprimir essa propensão a existir de todo possível, ele forja, a partir do infinitivo futuro do verbo *existere*, o termo *exstiturientia*. A razão pela qual algo existe, ele escreve, «está na prevalência das razões para existir sobre aquelas para não existir, ou, se posso exprimir com uma palavra, na *existiturientia essentiae*, na tensão para existir da essência [...] disso resulta que todo possível tende por si mesmo à existência».[23] Essa exigência ou tensão em direção à existência não é um ente de razão, mas algo que existe objetivamente: «da *existiturientia* das essências deve haver uma raiz existente nas coisas (*a parte rei*), de outro modo, na essência não haverá nada além de um artifício sem realidade (*animi figmentum*), e, dado que, do nada, nada pode se produzir, disso decorreria que não haveria nada além de um nada perpétuo e necessário».[24]

Para preencher a cisão entre o possível e o real, a possibilidade deve se dividir numa potência

---

21 «Se não houver na própria natureza do ser uma inclinação (necessidade) para existir, nada existiria.» [N. T.]
22 Leibniz, IV, p. 471.
23 Id., *De ratione*, p. 1634.
24 *Ibid.*, p. 1635.

O irrealizável

nua (cuja realidade é inerte e não pode se traduzir por si no ato) e numa força já sempre tensionada — como um arco que está para lançar a flecha — para a própria realização. O argumento ontológico evolui consequentemente, mesmo que pareça escapar da consciência dos autores, de uma dedução lógica *a priori* à ideia de que na possibilidade aja uma *vis existendi*, uma inclinação ao ato. Mas, desse modo, o problema da passagem do possível ao real se complica na sequência.

Nesse ponto, está claro qual é o sentido em que dizemos que no argumento ontológico a filosofia procura recompor aquela cisão da coisa do pensamento em essência e existência, possibilidade e realidade, que ela mesma produziu. Em nenhum lugar essa tentativa mostra sua contraditoriedade como na ideia obstinadamente perseguida de um *transitus mirabilis de potentia ad actum*. Na verdade, não há passagem, porque a possibilidade é ela mesma real, já contém em si a força que a faz existir; ainda assim, com a única exceção em Espinosa, que transforma a *vis existendi* num *conatus* interno à substância, os filósofos continuam a procurar essa impossível passagem a noroeste no oceano da metafísica. A cisão da coisa do pensamento e da linguagem não é algo do qual a filosofia pode sair sem colocar em questão a própria cisão.

7. No pensamento moderno, é em Kant que o problema da coisa e de sua realidade dupla e antinômica, possível e atual, mostra-se com uma evidência particular. Por isso, ele não apenas deverá cindir inclusive terminologicamente o conceito de realidade, distinguindo a *Realität* daquilo que é simplesmente possível, da

Wirklichkeit, a existência efetiva; como também terá que, ressuscitando ainda que de forma crítica o antigo nome platônico da ideia (*to pragma auto*, «a própria coisa»), chamar «coisa em si» (*Ding na sich*) o tema mais problemático da metafísica.

Portanto, não é por acaso que Kant sente a necessidade de enfrentar o argumento ontológico, isto é, o lugar em que a fratura da realidade encontrava sua composição. Em sua refutação do argumento, a ambiguidade da coisa e de sua realidade já se mostra no teorema que constitui o núcleo do argumento: «A existência não é manifestamente um predicado real» (*Sein ist offenbar kein reales Prädicat*), no qual *reales* não significa «existente», mas, segundo a lógica da escolástica tardia, refere-se à afirmação de uma coisa ou de uma essência como possível. Na primeira refutação do argumento, o escrito de 1763 *O único argumento possível para uma demonstração da existência de Deus*, no qual o teorema tinha a forma «A existência (*Dasein*) não é um predicado ou uma determinação de alguma coisa (*von irgend einem Dinge*)», a ambiguidade está no termo «coisa»,[25] que pode significar tanto um possível quanto um existente.

Se seguimos o argumento kantiano no escrito de 1763, vemos que ele repousa na nítida separação da existência do conjunto dos predicados de uma coisa. «Se eu digo: 'Deus é onipotente', aqui é pensada apenas a relação lógica entre Deus e a onipotência, uma vez que esta é um atributo daquela. Nada mais aqui é posto: que Deus seja, que seja dado absolutamente ou exista, isso aí não está contido.»[26] Quando, por sua vez, Deus pronuncia

---

25 Kant, I, p. 630.
26 *Ibid.*, p. 633.

sobre o mundo possível seu *fiat*, «não comunica ao todo concebido em seu intelecto determinação nova alguma, não acrescenta (*setzt* [...] *hinzu*) nenhum novo predicado, mas coloca (*setzt*) a série das coisas [...]. A relação de cada predicado com seu sujeito nunca designa algo existente, o sujeito já deve ser pressuposto como existente».[27]

À pergunta «se na existência há mais do que na simples possibilidade», Kant pode assim responder que é preciso distinguir entre o «que é posto» (*Was da gesetzt sei*), e o «como é posto» (*wie es gesetzt sei*) (é a distinção escolástica clássica entre a *quidditas*, «o que uma coisa é», e a *quodditas*, «o fato de que ela existe»). Com um argumento cuja sutileza ele mesmo percebe (*in einer so subtilen Vorstellung*), pode concluir que: «num existente (*in einem Existierenden*) não é posto nada mais do que num simplesmente possível [...] apenas que, por meio (*durch etwas Existierendes*) de algo existente, é posto aquilo que se refere à absoluta posição da coisa mesma (*auf absolute Position der Sach selbst*)».[28]

Por isso, Kant critica como «imprecisa» (*unbestimmt*) a definição wolffiana da existência, segundo a qual para que algo exista deve ser acrescentado à possibilidade algo a mais, por meio do qual o possível recebe seu cumprimento (*Erfüllung*), que é aquilo que chamamos realidade (*Wirklichkeit*). A existência não é um complemento ou um cumprimento do possível, mas é, de fato, heterogênea em relação a este. No mesmo sentido, a afirmação de Crusius segundo a qual o onde (*irgendwo*) e o quando (*irgendwen*) seriam «determinações inevitáveis» da existência é afastada mostrando que estas pertencem também a uma coisa simplesmente possível: «o eterno

---
27 *Ibid.*
28 *Ibid.*, pp. 634-5.

II. A existência de Deus

judeu Asverus em todos os lugares por onde erra e em todos os tempos em que sobrevive é sem dúvida apenas um homem possível».[29]

Que a existência não é um predicado real já era algo implícito de algum modo na tese de Escoto segundo a qual a existência não se distingue da essência como uma *res* de outra, mas é apenas a última *realitas* da essência. Gassendi, em sua objeção a Descartes, também parece negar que a existência possa ser concebida como uma propriedade de uma coisa: «Dado que se considere a existência em Deus ou em qualquer outro sujeito, essa por nada é uma perfeição, mas somente uma forma ou ato, sem o qual a perfeição não poderia ser». A tese é enunciada de maneira ainda mais radical por Desmaizeaux (*Nouvelles de la République des Lettres*, nov. 1701): «Eu negarei categoricamente que a existência seja uma perfeição. Com efeito, não consigo me convencer de que ela acrescente algo à natureza de uma coisa. Exista um ser ou não, sua essência não me parece por isso nem mais nem menos perfeita». Em sua réplica a Gassendi, Descartes, pelo contrário, parece convencido de que a existência é uma propriedade da coisa: «Não entendo de que gênero de coisas vocês gostariam que fosse a existência, nem por que não possa ela ser dita também uma propriedade».[30] Nesse ponto, os filósofos parecem estar divididos segundo considerem ou não a existência como uma propriedade da coisa.

8. Na *Crítica da razão pura*, Kant volta mais uma vez ao enfrentamento do argumento ontológico e rejeita-o de uma maneira nova

---

29 *Ibid.*, p. 636.
30 Descartes, *Quintae responsiones*, VII, p. 382.

O irrealizável

e mais precisa. Ainda que o problema da relação entre a linguagem e o pensamento nunca seja tematizado como tal, e ele não podia saber que estava definindo desse modo uma característica específica das línguas indo-europeias, debruça-se sobre a clara distinção entre os dois significados da «palavrinha: é» (*das Wörtchen: ist*), o predicativo (a cópula dos gramáticos), no qual um conceito é colocado em relação com outro, e o existentivo, em que se afirma a existência de uma coisa. «A proposição 'Deus é onipotente' contém dois conceitos, que têm seus objetos: Deus e onipotência. A palavrinha 'é' não é mais um predicado, mas apenas aquilo que coloca o predicado em relação com o sujeito. Se eu tomo o sujeito (Deus) com todos os seus predicados (aos quais pertence também a onipotência) e digo: 'Deus é' ou 'há um Deus' (*Gott isto der es ist ein Gott*), não acrescento nenhum predicado novo ao conceito de Deus, mas coloco apenas o sujeito em si com todos os seus predicados e o objeto em relação com meu conceito. Ambos devem ter o mesmo e idêntico conteúdo e, portanto, não se pode acrescentar nada ao conceito, que exprime simplesmente a possibilidade, pelo fato de que penso o sujeito como absolutamente dado (*schlechtin gegeben*) (por meio da expressão: ele é). Assim, o real (*das Wirkliche*) não contém nada mais do que o simples possível.»[31]

Kant aí introduz o famigerado exemplo dos cem táleres, que lhe custaria as críticas irônicas de Hegel, Feuerbach e Marx: «Cem táleres reais não contêm absolutamente nada mais do que cem táleres possíveis. Pois que se os táleres possíveis denotam o conceito e os táleres reais o objeto e sua posição em si, se estes

---
31 Kant, II, p. 533 (ed. port., p. 504).

contivessem mais do que aqueles, meu conceito não exprimiria o objeto em sua integralidade e, portanto, não seria o conceito adequado. Mas, no estado de minhas finanças, há mais nos cem táleres reais do que no simples conceito deles (isto é, em sua possibilidade). Porque o objeto em sua realidade não está contido simplesmente, de modo analítico, em meu conceito, mas se acrescenta (*kommt* [...] *hinzu*) sinteticamente a meu conceito [...] sem que, por esse estar fora de meu conceito, estes mesmos cem táleres pensados sejam, por isso, de algum modo aumentados. Assim, se penso uma coisa com quantos e quais predicados eu queira (talvez em sua determinação completa), não se acrescenta nada (*kommt* [...] *hinzu*) à coisa, pelo fato de que adiciono: essa coisa é [...] Nosso conceito de um objeto pode conter o que e o quanto se quer, mas devemos sair dele (*aus ihm herausgehen*) para dar-lhe a existência».[32]

9. Consideremos a particularidade da operação kantiana. Ela toma uma «coisa» (Deus ou os cem táleres — mas os exemplos certamente não são escolhidos ao acaso) e nela cinde a realidade em possibilidade (correspondente à afirmação predicativa analítica: «Deus é onipotente») e existência (correspondente à tese sintética: «Deus é»). Seria possível dizer, nesse sentido, que ele está levando ao pensamento, de forma inconsciente, a dupla estrutura do verbo ser para afirmar sua radical heterogeneidade. Entre o significado predicativo e o existentivo, entre os cem táleres possíveis e os cem táleres reais não há nenhuma passagem. Sua tese está perfeitamente de acordo com aquela de um linguista moderno como Émile Benveniste, quando observa

---

[32] *Ibid.*, p. 534 (ed. port., pp. 504-6).

que «não há nenhuma relação, nem de natureza nem de necessidade, entre uma noção verbal 'existir, haver realmente' e a função de cópula» e que a criação de um verbo «ser» para exprimir a relação predicativa entre dois termos «não estava inscrita em nenhuma fatalidade linguística»,[33] como prova sua inexistência em muitas línguas, como o hebraico e o árabe.

O fato é que a divisão e, ao mesmo tempo, a promiscuidade entre os dois significados do verbo ser estão na base da ontologia ocidental e da cisão entre essência e existência, possibilidade e realidade, que a define. Uma mesma *res*, uma mesma realidade se cinde quando é considerada em seu «o que» (o *quid est*, a *quidditas* ou a essência da tradição ontológica) e em sua pura existência (o *quod est* ou o *quia*, que aquela coisa seja). Por isso, Kant pode dizer que as duas realidades, consideradas segundo a essência ou a possibilidade, têm o mesmo conteúdo predicativo e, todavia, quanto à existência, são absolutamente heterogêneas — isto é, que eu devo sair da possibilidade e do simples conceito para atingir a existência.

Que o problema da relação entre possibilidade e realidade todavia permanece problemático em Kant é algo evidente pela meticulosidade com a qual ele procura sublinhar sua diferença ao definir as categorias da modalidade. Tanto a realidade quanto a possibilidade pertencem, com efeito, a essa classe de categorias, as quais, segundo Kant, «possuem esse traço particular, que não aumentam minimamente, como determinações do objeto, o conceito ao qual estão unidas como predicados, mas exprimem apenas a relação com a faculdade

---
[33] Benveniste, p. 225 (ed. bras., p. 206).

II. A existência de Deus

cognoscitiva».³⁴ A única diferença entre elas é que um objeto se diz possível quando concorda (*übereinkommt*) com as condições formais da experiência, e, pelo contrário, se diz real (*wirklich*) quando é conexo (*zusammenhängt*) com as condições materiais da experiência, isto é, com uma percepção. Ou seja, em todo caso, trata-se de certa relação com a faculdade de conhecer e não de uma propriedade da coisa.

A possibilidade e a realidade de que Kant se ocupa são sempre, e unicamente, referidas à experiência possível para o sujeito, e nunca uma determinação da própria coisa. Por isso, Kant pode escrever, multiplicando as minúcias terminológicas, que as categorias da modalidade são sintéticas apenas em sentido subjetivo, enquanto «acrescentam ao conceito uma coisa (real — *realen*), sobre a qual ademais não dizem nada, a faculdade de conhecer em que esse conceito surge e permanece».³⁵ A nota, que nesse ponto Kant sente necessidade de acrescentar, especifica com ainda mais minúcias que, «por meio (*durch*) da realidade (*Wirklichkeit*) de uma coisa, certamente coloco mais que a possibilidade, mas não na coisa (*in dem Dinge*), uma vez que esta não pode conter na realidade nada além do que estava contido na completa possibilidade. Mas, enquanto a possibilidade era apenas a posição da coisa em relação ao entendimento (em seu uso empírico), a realidade é ao mesmo tempo uma conexão da coisa com a percepção».³⁶

Apesar das cautelas terminológicas, a cisão fundamental da *res* que governa o pensamento ocidental não apenas não pode ser eliminada, mas falha em toda possibilidade de

---
34 Kant, II, p. 248 (ed. port., p. 238).
35 *Ibid.* (ed. port., p. 250-1).
36 *Ibid.* (ed. port., p. 251).

O irrealizável   80

recompô-la. O desdobramento de possível e real, que, como categorias da modalidade, limitam-se a colocar os objetos em relação com a faculdade de conhecer e não «dizem nada sobre a coisa», remete, com efeito, a outra e mais decisiva partição, na qual se pode falar da coisa apenas com a condição de deslocá-la para além de nossa faculdade de conhecer. Como Kant afirma sem reservas na «Introdução da segunda edição» da *Crítica*, nosso conhecimento «chega apenas até as aparências (*Erscheinungen* — a tradução corrente, 'fenômeno', é insuficiente) e deixa assim que a coisa em si seja por si mesma real (*wirklich*), mas em si desconhecida».[37] Nesse sentido, Kant pode dizer que a coisa em si coloca um limite à experiência possível. A verdadeira realidade, como a verdadeira possibilidade, situa-se no incognoscível, isto é, além daquilo que aparece. «Nós devemos pensar os objetos mesmos também como coisas em si (*Dinge an sich*), ainda que não possamos conhecê-las. Uma vez que, de outro modo, decorreria a absurda tese (*der ungereimt Satz*) de que haveria uma aparência (*Erscheinung*) sem qualquer coisa que apareça (*erscheint*)».[38] A coisa se cinde assim em coisa (*Ding*) como objeto da experiência e coisa em si (*Ding an sich*), da qual não há experiência. A *res* em sua verdade recaiu no impossível. É um puro númeno, o objeto transcendental = x.

10. Na história da filosofia ocidental, Kant representa o momento em que a fratura da coisa do pensamento se revela irreparável. Ou seja, o que está em questão na crítica kantiana do argumento ontológico e em sua doutrina das modalidades é a crise definitiva daquele *admirabilis transitus*

---

[37] *Ibid.* (ed. port., p. 22).
[38] *Ibid.* (ed. port., p. 25).

do possível ao real que a filosofia não havia deixado de perseguir, porque sobre isso se fundava aquilo que chamamos de máquina ontológica do Ocidente. Kant esvazia a possibilidade de sua *vis existendi* e, desse modo, dela tolhe toda realidade. A metafísica agora é impossível, a não ser numa forma particular, isto é, como um espaço vazio ou como uma ilusão inevitável. Possibilidade e realidade são categorias da modalidade, que exprimem apenas a relação de um objeto com a faculdade de conhecer e que não dizem nada sobre o objeto como tal; por outro lado, não pode haver na essência e na possibilidade nenhuma *vis existendi*, porque a existência não é um predicado real, é radicalmente heterogênea em relação a elas. Como escreveu Gilson, em Kant «as duas ordens, do real e do possível, são incomensuráveis».[39]

A tradição filosófica, de um lado, e a reflexão gramatical, de outro, nos habituaram de tal forma a considerar óbvia essa fratura, que não nos damos conta de que ela constitui o núcleo aporético do dispositivo sobre o qual a ontologia fundou desde o início sua potência específica. Essência e existência, potência e ato, possibilidade e realidade são as duas faces ou as duas partes da máquina ontológica do Ocidente. A ontologia não é, de fato, um artifício abstruso sem relações com a realidade e com a história: ela é, pelo contrário, o lugar em que se tomam as decisões epocais mais consequentes. Sem a cisão da realidade (da «coisa» dos homens) em essência e existência, e em possibilidade (*dynamis*) e atualidade (*energeia*), nem o conhecimento científico nem a capacidade de controlar e dirigir de forma durável

---

[39] Gilson, *O ser e a essência*, trad. Carlos Eduardo de Oliveira, Cristiane Negreiros Abbub Ayoub *et al*. São Paulo: Paulus, 2016, p. 12.

as ações humanas, características da potência histórica do Ocidente, teriam sido possíveis. Se não pudéssemos suspender a concentração exclusiva de nossa atenção naquilo que existe imediatamente (como parecem fazer os animais) para pensar e definir sua essência (o «o que é»), a ciência e a tecnologia ocidental certamente não teriam conhecido o desenvolvimento que as caracteriza. E, se a dimensão da possibilidade desaparecesse por completo, nem planos nem projetos seriam pensáveis, e as ações humanas não poderiam ser nem dirigidas nem controladas. A potência incomparável do Ocidente tem na máquina ontológica um de seus pressupostos essenciais.

No entanto, a cisão sobre a qual a máquina funda seu prestígio em nada é pacífica. Para que a máquina possa funcionar, as duas partes que ela separa devem ser articuladas mais uma vez em conjunto, de modo que justamente seu conflito harmônico ou sua consonância discordante constitua seu motor escondido. Se possibilidade e realidade, essência e existência fossem absolutamente separadas e incomunicantes, o conhecimento e a ação perderiam seu objeto e o pensamento, e as coisas, a linguagem e o mundo permaneceriam irrelatos. Isso significa que a passagem entre a essência e a existência, e entre a possibilidade e a realidade, constitui o problema decisivo da metafísica ocidental, no qual ela não cessa de naufragar; mas também significa que uma saída da metafísica não é possível sem uma crítica da cisão da coisa e do paradigma da realização que ela implica.

Na física quântica, a consistência apenas estatística da realidade implica que ela não pode ser conhecida em si de forma determinada, mas que sempre deve ser realizada num experimento. Não se dá uma realidade em si como tal: ela é apenas a «realização» de uma probabilidade, e tal realização pode ter lugar apenas por meio de uma intervenção do pesquisador. O verdadeiro significado do princípio de indeterminação de Heisenberg não está tanto em colocar um limite ao conhecimento quanto em legitimar como inevitável a intervenção de quem faz experiência. Nas palavras de Majorana: «O resultado de qualquer medida parece por isso dizer respeito mais ao estado a que o sistema é levado no curso do experimento do que àquele incognoscível em que se encontrava antes de ser perturbado».[40] Compreende-se então por que Simone Weil podia afirmar que, com a física quântica, o Ocidente havia perdido, sem se dar conta, «a ciência ou ao menos aquilo que há quatro séculos definiam com esse nome».[41] O que se perdeu é, na verdade, a concepção direta da possibilidade e da realidade. Como, para os teólogos, a existência de Deus não pode ser experimentada em si, mas, no argumento ontológico, ela é «realizada», fazendo-a transitar do possível ao real, assim na física quântica a realidade não é acessível em si, mas o pesquisador «realiza», a cada vez, sua probabilidade por meio do experimento.

11. Várias vezes, no curso de nossa sumária genealogia da cisão da *res* na história da filosofia, encontramos o problema da linguagem, o qual, nos filósofos medievais e modernos até Kant, com frequência se mostra sem jamais — ao menos assim parece — ser tematizado explicitamente. Isso vale sobretudo para o duplo significado (copulativo-gramatical e

---
40 Majorana, p. 76.
41 Weil, p. 121.

existentivo-lexical) do verbo ser nas línguas clássicas, que Benveniste mostrou não corresponder a nenhuma necessidade interna e acerca da qual os teólogos medievais parecem de algum modo conscientes. O próprio Benveniste, num famoso ensaio,[42] mostrou que as categorias aristotélicas que com tanta força determinaram a reflexão filosófica correspondem, na realidade, a categorias estruturais da língua grega. A tábua das dez categorias que Aristóteles elaborou e transmitiu à filosofia ocidental como um quadro de condições gerais e permanentes do pensamento é apenas a projeção conceitual de uma dada situação linguística. Em particular, a primeira categoria, a *ousia* ou substância, corresponde à classe linguística dos nomes (algo a respeito do qual já os gramáticos antigos se deram conta, definindo os nomes «substantivos» — *nomem substantivum* — justamente em relação à substância aristotélica). A divisão entre essência e existência, que Benveniste não menciona, poderia assim corresponder, mais do que aos dois significados do verbo ser em grego e em latim, também à distinção lexical entre o nome que designa um indivíduo (as *ousiai* primeiras, que, no mais, Aristóteles exemplifica com um nome próprio ou com «certo homem» ou «certo cavalo») e o nome como categoria geral (o animal, o homem).

Sobre a distinção entre essência e existência, possibilidade e realidade, também poderia ter influenciado outra partição estrutural das línguas que nos são familiares, sobre a qual Benveniste insistiu fortemente em suas últimas pesquisas: aquela entre o plano dos nomes (o léxico) e o plano do discurso (nos termos de Benveniste, a diferença entre semiótico — a língua como sistema de signos — e semântico — a linguagem

---

[42] Benveniste, pp. 79-91 (ed. bras., pp. 68-80).

II. A existência de Deus

como discurso em ato). Os filósofos gregos, ao menos a partir de Heráclito (Fr. I) e de Antístenes, eram perfeitamente conscientes dessa diferença. Platão a enuncia de forma límpida no *Teeteto* (201a-202b): «os elementos primeiros, cada um em si mesmo e por si mesmo, podem apenas ser nomeados [...] dizê-los num discurso é impossível, porque pode-se apenas nomeá-los e não é possível a eles acrescentar outra coisa [...]. Com efeito, é impossível dizer com um discurso um deles, porque podem apenas ser nomeados, não têm nada além de um nome (*onoma gar monon echein*)», acrescentando no *Protágoras* que «a cada um desses nomes é suposta uma existência (*ousia*) particular» (*Prot.* 349b). (A proposição 3.221 do *Tractatus* de Wittgenstein não diz, analisando bem, nada diferente disso: «Os objetos podem apenas ser nomeados [...] posso apenas falar sobre eles, não posso dizê-los».)

A distinção entre essência (potência) e existência (ato) corresponde perfeitamente àquela entre nome e discurso, entre a língua como sistema de signos e a linguagem como discurso em ato, e, nesse sentido, seria possível dizer que ela apenas articula uma estrutura implícita na língua, e seria possível nos perguntar, via de consequência, se o procedimento do pensamento não seria, na realidade, determinado inconscientemente, como Benveniste sugere, pela língua que usa. A cada vez que se reflete sobre a influência que as categorias linguísticas exercem sobre as categorias do pensamento é preciso, no entanto, não se esquecer de que a influência é muito frequentemente recíproca. A estrutura da língua num dado momento de seu desenvolvimento histórico não é, com efeito, um dado natural, mas é ela mesma, ao menos em parte, determinada pela reflexão filosófica e gramatical, isto é, pelo processo mediante o qual os falantes se tornam conscientes do que estão fazendo quando falam. Ou seja, a consciência de estar usando uma língua é inseparável do trabalho paciente de análise e de construção que levou à criação da identidade gramatical daquela língua. Benveniste mostrou assim que o significado copulativo do verbo ser em grego falta na origem e é substituído pela frase nominal, que une duas palavras num sintagma sem verbo (*ariston ydor*, que nós hoje traduzimos: «a melhor coisa é a água»). Parece que foi a reflexão filosófica e gramatical sobre a língua que levou a conceber a frase nominal como uma frase com verbo «ser» subentendido, determinando assim seu progressivo declínio e sua substituição, mesmo que não em todos os casos, pela frase com cópula «é», que se torna a expressão normal. E certamente não foi estranho a esse processo o primado — a partir da lógica aristotélica — do juízo apofântico (na forma sujeito-verbo-predicado) sobre as outras formas de discurso. Da mesma forma, estamos tão habituados a considerar a separação entre nomes e discurso como uma estrutura fundamental da língua, que não nos damos conta de que o isolamento de algo como um nome (que nas línguas indo-europeias se apresenta numa pluralidade de formas flexíveis distintas entre si — os assim chamados casos) por certo é o resultado de um lento processo, cujo êxito os antigos julgavam tão importante a ponto de atribuir sua descoberta a Platão e a Aristóteles. A articulação sistemática da diferença entre semiótico e semântico na linguística moderna é tão pouco um dado natural que, por fim, Benveniste foi obrigado a admitir que, do ponto de vista da linguística, não há nenhuma passagem entre os dois níveis e que, se para falar nós de fato tivéssemos que nos mover do plano dos nomes ao da frase, da língua em potência ao discurso em ato, a instância de palavra seria impossível.

Se a afasia que afetou o grande linguista pouco tempo depois de ter feito esse diagnóstico paradoxal nos impede de saber de que modo ele teria procurado sair dele, certamente pode ser instrutivo tentar situar nessa perspectiva a cisão entre essência e existência e entre possibilidade e realidade sobre a qual traçamos, nas páginas precedentes, uma arqueologia sintetizada. Isto é, ela pode ser vista como uma resposta, tão profunda quanto problemática, à pergunta: «O que significa falar, o que fazemos quando falamos (quando pensamos)»? Passamos continuamente de um nível da interpretação do mundo que nos confronta com o puro existir de coisas (o plano dos nomes ou da existência) à tentativa de compreender «o que» as define e faz com que elas sejam aquilo que são (o plano do discurso ou da essência); e, de forma inversa e também incessante, desse segundo plano ao primeiro, a depender do fato de o modelo dominante ser a essência (a possibilidade) ou a existência (a realidade atual). A «coisa» que a linguagem nos revelou é desde sempre cindida, e, por outro lado, justamente essa cisão nos permite conhecer e dominar as coisas do mundo onde incessantemente nos encontramos.

Colocar em questão essa concepção que por tanto tempo determinou a filosofia do Ocidente significará então tentar pensar a experiência e o conhecimento do mundo de forma que não seja por meio de uma improvável cisão e um não menos improvável trânsito entre possibilidade e realidade e entre essência e existência;

O irrealizável

e também decididamente tentar pensar a experiência da linguagem não como uma inencontrável passagem do plano dos nomes ao das proposições. É certo, em todo caso, que nem a estrutura da linguagem pode permitir, por si só, dar completamente conta da articulação do pensamento, nem isso pode, por outro lado, acreditar desenvolver-se de maneira autônoma em relação à linguagem em que se exprime. Antes, é possível que a verdadeira filosofia consista num corpo a corpo ou, sobretudo, numa incessante *synousia* entre o pensamento e a linguagem, na qual nenhum dos dois litigantes — ou companheiros — jamais pode alegar ter definitivamente chegado ao fim das razões e das condições que o outro lhe impõe e propõe.

Basta considerar com mais atenção as fontes para se dar conta de que o nexo entre problema ontológico e experiência da linguagem não havia escapado aos filósofos. Mesmo deixando de lado a consciência que desse nexo poderiam ter tido Platão e Aristóteles (Platão — *Crát.* 422d — pergunta peremptoriamente «de que modo os nomes primeiros, aos quais de algum modo outros nomes são pressupostos, nos manifestam os entes», e Aristóteles, por sua vez, repete de forma contínua que «o ser se diz»), os filósofos medievais conhecem com suficiente clareza o nexo entre o significado dos nomes e a diferença ontológica. «Duas coisas devem ser observadas nos nomes», escreve Alberto Magno (*Os Sent.*, d. 2, a. II, sol.), «isto é, a forma ou a razão por meio da qual são impostos (*forma sive ratio o qua imponitur*) e aquilo a que são impostos (*illud cui imponitur*): e essas por alguns são chamadas de significado e suposto (*significatum et suppositum*) e pelos gramáticos de qualidade e substância (*qualitas et substantia*).» De forma análoga, na *Summa super Priscianum*, de Pierre Helie (século XII), um texto no qual a relação entre análise filosófica e análise gramatical é lucidamente tematizado, é possível ler que «todo nome significa o 'o que é' (*quod est*) e 'aquilo por meio de que é' (*id quo est*), como o nome 'homem' significa aquilo que é, isto é, a coisa que é um homem (*rem quae est homo*) e aquilo por meio de que é, ou seja, a humanidade por meio da qual é homem, porque o homem é tal a partir da humanidade».[43]

---

43 De Rijk, p. 231.

O irrealizável

III. O possível e o real

1. A esta altura, deveria estar claro em que sentido é possível enunciar, já sem reservas, a tese de que a máquina ontológico-política do Ocidente se funda sobre a cisão do ser em possibilidade e realidade. Essa cisão do ser tem sua origem em Aristóteles. Nas *Categorias* ele distingue o existente singular, que chama de *ousia prote* («substância primeira») e apenas pode ser designado com um nome próprio ou com um deítico (Sócrates, este homem, este cavalo), das substâncias secundárias e de todas as outras formas do ser, que se dizem apenas com a pressuposição daquele. «Todas as outras coisas», escreve ele, «se dizem com a pressuposição (*cath'hypokeimenou*, literalmente 'com o jazer sob') das *ousiai* primeiras ou são com a pressuposição delas [...] assim 'animal' é predicado do homem, portanto, deste certo homem; se não fosse de nenhum homem particular, tampouco seria do homem em geral [...]. Se as substâncias primeiras não fossem, seria impossível que houvesse outra coisa; todo o resto, com efeito, se diz com o pressuposto de seu estar sob ou neste é pressuposto» (*Cat.*, 2a34-2b6). O primado das substâncias primeiras é reforçado poucas linhas depois: «As substâncias (*ousiai*) primeiras, porque jazem sob (*hypocheisthai*) todas as outras e todas as outras se predicam dela ou são nela, são por isso chamadas, por excelência, *ousiai*» (2b15-17). É importante notar que, ao definir as *ousiai* como «primeiras», Aristóteles nelas introduz também uma anterioridade temporal. Como dirá sem reservas em *Met.* 1028a30, o que jaz no fundo sobre o qual as substâncias secundárias são

predicadas as precede não apenas logicamente, mas também de acordo com o tempo (*kai logoi kai gnosei kai chronoi*).

É pela primazia dessa determinação sub-jetiva do ser como *hypokeimenon* primeiro, como a singularidade impredicável que está-sob-e-no-fundo de toda predicação linguística, que na tradição da filosofia ocidental o termo *ousia* é traduzido em latim por *substantia*. A partir do neoplatonismo, com efeito, o tratado sobre as *Categorias* adquire um lugar privilegiado no *corpus* das obras aristotélicas e, em sua tradução latina, exerce uma influência determinante na cultura medieval. Boécio, em cuja versão o Medievo conheceu as *Categorias*, embora se dando conta de que a tradução mais correta teria sido *essentia* (*ousia* é um deverbal formado a partir do particípio passado do verbo *einai* e, em seu tratado teológico contra Êutiques e Nestório, Boécio faz, assim, com que o termo *essentia* corresponda a *ousia* e reserva *substantia* ao grego *hypostasis*), utilizou-se, por sua vez, do termo *substantia* e orientou assim de modo determinante o vocabulário e a compreensão da ontologia ocidental. O ser pode se mostrar como aquilo que jaz-sob-e-no-fundo apenas do ponto de vista da predicação linguística, isto é, a partir do primado da determinação subjetiva da *ousia* como nome próprio e *hypokeimenon* primeiro que está no centro das *Categorias* aristotélicas. Todo o léxico da ontologia ocidental (*substantia*, *subiectum*, *hypostasis*, *subsistentia*) é o resultado desse primado da substância primeira como jacente no fundo de toda predicação.

No livro sétimo da *Metafísica*, todavia, Aristóteles parece colocar em questão a primazia do que jaz no fundo e afirmar, antes, sua insuficiência, para substituí-lo por outra determinação da *ousia* que chama *to ti en einai* («o que era o ser» — nas traduções medievais, *quod quid erat esse*). É o sentido dessa aparente contradição entre o pensamento aristotélico e a estratégia que nele está em questão que é preciso compreender. A determinação da *ousia* como *hypokeimenon*, jacente-no-fundo, é — assim Aristóteles motiva seu giro — insuficiente e obscura (*adelon*) e, ademais, corre o risco de confundir-se com a da matéria (*hyle*), que, na *Física*, havia definido como o *hypokeimenon* primeiro subjacente a cada mudança. O *sub-iectum*, aquilo que está sob toda predicação, com efeito, só pode ser nomeado e indicado, e entra nas proposições apenas como aquilo sobre o que se diz e se predica algo. Nesse sentido, mesmo em sua evidência imediata, resta em si mesmo *adelon*, não manifesto. A consequência — como Rudolf Boehm mostrou num estudo exemplar — é uma cisão fundamental entre o ser e o discurso: por um lado, um jacente-no-fundo primeiro, acerca do qual tudo se diz e se predica, mas que permanece ele mesmo indizível e impredicável, e, por outro, tudo aquilo que se diz dele ou é nele. Ou ainda: por um lado, um existente por assim dizer inessencial, o puro fato de que algo existe, sem o «o que isso é» (como dirão os medievais, um puro *quod est* sem um *quid est*), e, por outro, uma essência inexistente: «Essência e existência se dão uma fora da outra, no duplo sentido do termo: rompem com a outra e se despedaçam».[1]

É para compor essa cisão, para pensar a unidade do ser existentivo e do ser predicativo, que Aristóteles introduz o *ti en einai*, que significa, literalmente, «o que era (para aquele ser

---

1 Boehm, p. 169.

III. O possível e o real

específico, por exemplo Sócrates) ser (Sócrates)». Como já foi mostrado, nessa fórmula a introdução de um verbo no passado é decisiva: *en*, não simplesmente «o que é», mas «o que era». Se o su-jeito primeiro havia sido pre-suposto como aquilo que está como fundamento de todo discurso, ele poderá ser apreendido em sua verdade apenas como um passado, apenas por meio do tempo. O indivíduo, como substância primeira, pode ser definido e não simplesmente nomeado apenas por meio da apreensão de sua existência no passado, só com a introdução do tempo no ser. Isto é, segundo a nova formulação da *ousia*, tentando compreender «o que era para Sócrates — para aquele su-jeito específico — ser Sócrates». A essência é somente a existência lançada no passado e — apenas desse modo — apreendida.

É essa regressão temporal que levará a assimilar a existência ao ato e a essência à possibilidade ou potência. Na *Metafísica*, Aristóteles define potência (*dynamis*) e ato (*energeia*) como «dois modos nos quais o ser se diz» e insiste várias vezes na prioridade do ato (*energeia*) sobre a potência (*dynamis*). Ele começa identificando o ato com «a existência da coisa» (*to yparchein to pragma*) e, deixando de definir o modo de ser da potência, afirma que é preciso se contentar em compreendê-lo por analogia «como quem constrói em relação ao arquiteto, quem está desperto em relação a quem dorme, quem vê em relação a quem, mesmo tendo visão, está de olhos fechados, o que se obtém da matéria em relação à matéria e o que é trabalhado em relação ao que não é trabalhado» (1048b1-5). Pouco antes, ele tinha evocado o exemplo da estátua: «dizemos que algo está em potência como Hermes está na madeira» (1048a30-33). Desse modo, ele desloca de forma sub-reptícia as duas categorias da esfera ontológica à das técnicas humanas e do agir. Se podemos dizer que a estátua de Hermes está em potência na madeira, é porque vimos em algum lugar uma escultura de Hermes, e a possibilidade, portanto, é apenas uma pre-suposição da existência; todavia, ao longo do argumento, tendo que explicar o que define as técnicas humanas — por exemplo, a atividade própria do arquiteto ou do tocador de cítara —, ele parece pensar algo como o trânsito ou uma passagem da potência ao ato. Assim, no *De anima* (417b10), usa a expressão «o conduzir (o pensante) do ser em potência ao ato (*eis entelecheian agein ek dynamei ontos*)», mesmo que seja preciso especificar que ele nunca se serve de termos como «passagem» ou «trânsito», mas escreve simplesmente «se torna» (*theoroun ginetai ton echon tem epistemen*, «se torna cognoscente em ato aquele que tem a ciência em potência») (417b5).

No livro *theta* da *Metafísica*, Aristóteles não se cansa de reforçar que «a *energeia* é anterior (*proteron*) à possibilidade-potência» tanto segundo o discurso (*toi logoi*) e a essência (*tei ousiai*) quanto segundo o tempo (*chronoi*). É particularmente instrutiva, no entanto, a restrição que ele introduz nesse ponto a respeito da anterioridade temporal: considerando a potência e o ato em relação à espécie, o ato precede a possibilidade (um homem é gerado por outro homem e a realidade precede a possibilidade); mas, ao considerá-los em relação ao indivíduo, a possibilidade é, pelo contrário, anterior (o sêmen precede o indivíduo e o possível o real). Justamente essa circularidade mostra o nexo constitutivo entre possibilidade e temporalidade: se, como fez

III. O possível e o real

Aristóteles em relação à *ousia*, o tempo é introduzido no ser, então este se cindirá em potência e ato, possibilidade e realidade, e apenas por meio de sua partição poderá ser compreendido. Possibilidade e realidade serão distintas e, ao mesmo tempo, inseparáveis: como não é verdade afirmar que algo é possível mas nunca existirá (1047b3), também é absurdo que alguém seja definido arquiteto sem jamais ter construído ou tocador de cítara sem jamais ter tocado (1049b30-32). E, todavia, justamente a cisão em potência e ato torna compreensível o que significa ser um arquiteto ou um tocador de cítara. O que chamamos de possível é apenas uma projeção do real no passado, assim como a essência não é senão uma pre-suposição da existência; mas, em ambos os casos, o que está em questão na divisão é a tentativa de compreender o ser por meio do tempo, de nele compreender a realidade como um processo de desrealização e de realização. Para entender o ato e a existência, devemos deslocá-los como possibilidade no passado; mas essa possibilidade ou potência deverá então, de algum modo, traduzir-se novamente na existência e no ato.

É o que Bergson mostra com clareza no ensaio «O possível e o real», publicado em sueco em 1930, para «testemunhar acerca do pesar de não ter podido estar em Estocolmo para fazer a conferência para o prêmio Nobel». Ele declara querer sobretudo colocar mais uma vez em questão «a ideia de que o possível seja *menos* do que o real, e que, por essa razão, a possibilidade das coisas preceda sua existência».[2] Se consideramos com atenção a realidade concreta da vida e da consciência, de fato nos

---
2 Bergson, p. 11 (ed. bras., p. 113).

O irrealizável   96

damos conta de que no possível há mais e não menos do que no real, «uma vez que o possível é apenas o real, com o acréscimo de um ato da mente que, assim que ele se produziu, lança sua imagem no passado».[3] Bergson retoma o exemplo aristotélico da obra de arte (a estátua de Hermes), transferindo-o ao âmbito da literatura e da arte dramática. Acredita que o Hamlet preexistir na mente de Shakespeare significa transpor de forma indevida a ideia puramente negativa de possibilidade, no sentido daquilo que é impossível, à da preexistência da ideia na mente do autor. O que de fato acontece é que um homem engenhoso cria uma obra: somente nesse ponto «ela se torna retrospectiva ou retroativamente possível. Não o seria se não tivesse sido aquele homem». O estatuto temporal do possível é, na realidade, o futuro anterior: sobre a obra deveria ser dito que «terá sido» possível, uma vez que o artista a tenha produzido.[4]

À objeção de que desse modo o presente parece introduzir algo no passado, Bergson responde que aquilo que assim é inserido no passado não é algo real, mas, justamente, o possível. «À medida que a realidade é criada, imprevisível e nova, sua imagem se reflete atrás dela no passado indefinido; ela parece assim ter sempre sido possível; mas é apenas nesse preciso momento que ela começa a sê-lo e é por isso que disse que sua possibilidade, que não precede sua realidade, a terá precedido uma vez que a realidade aparece. O possível, portanto, é a miragem do presente no passado [...]. Afirmando que o possível não pressupõe o real, admite-se que a realização acrescenta algo à simples possibilidade: o possível desde sempre teria sido como um fantasma que espera sua hora; e teria se

---
3   *Ibid.*, p. 12 (ed. bras., p. 115).
4   *Ibid.*, p. 13 (ed. bras., p. 115).

III. O possível e o real

tornado realidade por meio do acréscimo de algo, por uma espécie de transfusão de sangue ou de vida. Não se vê que acontece exatamente o contrário, que o possível implica a realidade correspondente, com algo que a ele se acrescenta, porque o possível é o efeito combinado da realidade tão logo produzida e de um dispositivo que a empurra para trás. A ideia — imanente na maior parte das filosofias e natural para o espírito humano — dos possíveis que se realizariam por meio de uma espécie de aquisição de existência é, portanto, uma pura ilusão.»[5]

Analisando, desse modo, o dispositivo lógico da possibilidade, Bergson desmente drasticamente a miragem de um trânsito da possibilidade à existência que havia alimentado as especulações dos filósofos sobre o argumento ontológico. Potência e ato se geram ao mesmo tempo, são cooriginários e o erro não consiste tanto em sua distinção quanto em pensar que a potência preexista de forma separada, e que o problema seja o de definir o modo como se articula a passagem desta ao ato.

2. Numa passagem decisiva do *De monarchia* (I, 3), Dante, mesmo se referindo a Averróis, pensa a possibilidade e sua relação com o ato de um modo original, do qual é preciso medir todas as implicações. Ele inscreve a potência ou possibilidade sobretudo na mesma definição da natureza humana e do «fim último da humana civilização» (*finis totius humanae civilitatis*). Procurando qual seria a propriedade específica da *humana universitas* em relação às outras criaturas, ele a identifica não na faculdade intelectiva compreendida de forma

---

[5] *Ibid.*, p. 14 (ed. bras., p. 116).

simples, mas na possibilidade ou potência de pensar: «A força última própria do homem [...] não é o ser animado, que é também e da mesma forma nas plantas, nem o ser capaz de compreender, porque isso é comum também aos animais, mas o ser capaz de compreender por meio do intelecto possível, o qual compete exclusivamente ao homem e a nenhuma outra criatura a ele superior ou inferior. De fato, mesmo que existam outras essências inteligentes, seu intelecto não é possível como o dos homens, uma vez que essências são puramente intelectuais e seu ser consiste apenas em compreender aquilo que são e aquilo que acontece sem descontinuidade (*sine interpolatione*), de outro modo, não seriam eternas. É claro, portanto, que o caráter último da potência da humanidade é a potência ou virtude intelectiva».

Retomando um tema averroísta, Dante define aí a natureza própria da humanidade não no ato ininterrupto do pensamento, mas na possibilidade ou potência de pensar. Enquanto a natureza angélica é definida pelo pensar *sine interpolatione*, sem interrupção, pertence à inteligência humana uma descontinuidade que a constitui como «potência de pensar», ou, segundo a terminologia da tradição averroísta, «intelecto possível».

Essa potência, todavia, não é algo como uma substância separada ou uma faculdade que precede o ato do pensamento: é simplesmente uma *interpolatio*, uma descontinuidade e uma alteração (o termo latino também pode ter uma conotação negativa) do ato. Ou seja, o sujeito pensante se inscreve no ato da intelecção como uma interpolação em sentido técnico: ao mesmo tempo uma alteração e uma «possibilidade» de pensar. Por isso, Dante escreve logo na sequência: «E, uma vez que essa potência não pode ser trazida por completo no ato (*tota simul in actu reduci non potest*), por meio de um só homem ou por uma daquelas comunidades particulares que elenquei acima, é necessário que haja no gênero humano uma multidão, por meio da qual toda essa potência seja atuada, assim como é necessário que haja uma multidão de coisas passíveis de serem geradas para que toda a potência da matéria esteja no ato (*sub actu*); de outro modo, haveria uma potência separada, o que é impossível».

É importante nos determos na expressão *sub actu*, que significa uma proximidade extrema e quase uma coincidência, como *sub luce* (no raiar do dia) ou *sub die* (no mesmo dia). Essa fórmula técnica se encontra em autores que Dante conhecia (como Sigieri, que escreve que a matéria *semper est sub actu aliquo*)[6] ou que podia conhecer, como Berthold von Moosburg e Egídio Romano. Particularmente significativo neste último é uma passagem das *Sententiae* (II, dist. 3, q. 1, art. 1) na qual está claro que a potência não é uma realidade separada do ato: «O (intelecto) agente não faz com que a potência seja potência [...] nem que o ato seja ato, uma vez que isso compete ao ato como tal; para que o ato seja ato não é preciso nenhuma operação (*non indiget aliqua factione*). O que o agente faz é que o ato esteja em potência e a potência esteja no ato (*sub actu*)». É a ação do intelecto agente que produz no ato uma descontinuidade e uma potência (um «intelecto possível», em sentido averroísta), que, todavia, não pode ser separada deste, mas se mantém constantemente *sub actu* (no caso do gênero humano, graças à *multitudo*).

---

[6] Siger de Brabant, p. 30.

O irrealizável

Nessa perspectiva, falar, como faz Leibniz e a tradição que examinamos, de um trânsito ou de uma passagem da potência ao ato é totalmente equivocado. Antes, acontece o contrário e, nos termos que nos são familiares, seria preciso dizer não que «todo possível exige existir», mas que «todo existente exige sua possibilidade, exige tornar-se possível». A possibilidade ou potência certamente é real, mas não como algo que precede o ato e neste deve se perfazer, mas como uma descontinuidade e uma interpolação do ato, do qual é parte integrante e nunca pode se separar. Por isso, Dante se afasta de Averróis, que havia separado o intelecto possível da alma («que, em sua doutrina, separado disse / ser, da alma, o intelecto potencial»; *Purg.* xxv, 64-65): potência e ato, possibilidade e realidade são partes inseparáveis da inteligência humana, que desta definem a vida e o movimento próprio («em sua própria substância, e uma alma inteira, / que vive e sente, e a si em si confunde»; *ibid.*, 74-75).[7]

A potência do pensamento não define em Dante apenas a potência específica da *humana civilitas*, mas também se coloca como fundamento da experiência amorosa. Não é possível compreender a poética stilnovista se não se compreende, de forma preliminar, que a teoria do amor nela implícita retoma e desenvolve a doutrina averroísta da união do indivíduo singular com o intelecto agente. Beatriz e as outras figuras femininas que os poetas celebram como objeto de amor nomeiam os fantasmas da imaginação que, segundo Averróis, asseguram a união (significativamente definida *copulatio* ou *continuatio*) dos

---

7 Dante Alighieri, *A divina comédia, Purgatório*, trad. e notas Italo Eugenio Mauro. São Paulo: Editora 34, 2017.

indivíduos singulares com o intelecto agente. Como procuramos demonstrar em outro lugar,[8] a invenção genial de Dante e de Cavalcanti está no fato de terem situado a experiência amorosa no intelecto possível — isto é, na experiência de uma potência e não de um ato, de uma interpolação e não de uma possessão estável. O sujeito apaixonado — que coincide com essa interpolação e, ao mesmo tempo, com o sujeito poetante — na morte da imagem amada experimenta a conjunção amorosa com o intelecto agente.

3. Uma concepção da potência como de imediato coincidente com o ato e da possibilidade como absolutamente existente é desenvolvida por Nicolau de Cusa no triálogo que leva o título significativo *De possest*. Trata-se de pensar, desde o início, aquela unidade da potência e do ato que vimos definir na tradição teológica a divindade. E, ao mesmo tempo, de definir a problemática identidade entre Deus e todas as coisas que o apóstolo havia afirmado sem reservas (*ut sit Deus omnia in omnibus*, I Cor 15, 28).

De Cusa parte da tese segundo a qual «toda criatura que existe em ato pode de fato ser» (*omnis enim creatura actu existens utique esse potest*)[9] e a desenvolve por meio de uma série de paradoxos logicamente concatenados. A absoluta potência de todo ente de ser aquilo que é em ato coincide com «a absoluta atualidade mediante a qual tudo aquilo que está em ato é aquilo que é [...]. A partir do momento em que a atualidade existe em ato, tanto mais ela pode ser, pois um ser impossível não é (*cum igitur actualitas sit in actu, utique et ipsa esse potest, cum impossibile esse*

[8] Agamben; Brenet, pp. 33-4.
[9] N. de Cusa, p. 26.

non sit). A possibilidade absoluta não pode ser outra coisa senão o poder (*a posse*), da mesma forma que a absoluta atualidade não pode ser outra coisa senão o ato. E o que chamamos de possibilidade não pode preceder a atualidade, como dizemos que alguma potência precede o ato. De que modo, com efeito, passaria ao ato (*prodisset in actum*) senão por meio da atualidade? Se o poder ser (*posse fieri*) se produzisse por si no ato, seria então em ato antes de sê-lo. Portanto, a possibilidade absoluta de que falamos, por meio da qual as coisas que existem em ato podem ser em ato, não precede a atualidade nem a segue. Como poderia a atualidade existir se não existisse a possibilidade? A potência absoluta, o ato e seu nexo são, assim, coeternos».[10]

É justamente a partir dessa identidade de potência e ato em Deus que se pode pensar corretamente o panteísmo paulino. «Se [...] Deus é absoluta potência, o ato e seu nexo, é, assim, em ato cada ser possível, é evidente que ele é todas as coisas no modo da implicação (*patet ipsum complicite esse omnia*). Todas as coisas, com efeito, que de algum modo existem ou podem ser, são implicadas no primeiro princípio e todas as coisas que foram criadas ou serão criadas são explicadas por aquele, no qual estão implicadas (*explicantur ab ipso, in quo complicite sunt*).»[11]

Para explicar essa implicação de todas as coisas na absoluta potência de Deus, De Cusa recorre ao conceito de «não outro (*non aliud*)», que havia definido no tratado homônimo. Deus é todas as coisas, no sentido de que não pode ser outro além destas, é não outro que não elas. A coincidência de absoluta possibilidade e absoluta atualidade se

---
10 *Ibid.*, p. 28.
11 *Ibid.*, p. 30.

resolve na impossibilidade de ser outro em relação a todas as coisas que são. A onipotência divina se define apenas por meio dessa limitação singular (*Deus ergo est omnia, ut non possit esse aliud. Ita est undique, ut non possit esse alibi*).[12] Enquanto pode tudo aquilo que é, Deus não é tão idêntico às coisas quanto, sobretudo, «não outro» que não elas.

Por isso, o nome mais próprio de Deus é, segundo o neologismo que De Cusa forja nesse ponto, *Possest*, «poder-é», isto é, uma potência absolutamente existente: «Procuramos uma expressão que signifique numa fórmula simplicíssima o significado complexo 'o poder é' (*posse est*). E, uma vez que aquilo que existe está em ato, poder ser é tão somente poder ser em ato. Vamos chamá-lo, caso se queira, *possest*. Tudo está implicado nele e é um nome suficientemente adaptado a Deus segundo o conceito que o homem tem dele».[13]

Paradoxos ulteriores derivam dessa definição de Deus como um poder ser que absolutamente existe e é em ato tudo aquilo que pode ser. De fato, tal poder ser coincide em Deus com o primeiro princípio absoluto: «Entendo que tu afirmas que esse nome *possest*, composto de *posse* e *esse*, tem um significado simples, que segundo o conceito humano conduz enigmaticamente aquele que busca uma asserção positiva sobre Deus. Tu entendes o poder absoluto como algo que complica todo poder além da ação e da paixão, além do poder fazer e do poder se tornar. E compreendo que esse poder é em ato. Esse ser que tu dizes ser em ato todo o poder ser é o absoluto. O que assim quer dizer é que onde todo o poder é em ato aí se chega ao primeiro princípio onipotente».[14] Um dos

---
12 *Ibid.*, p. 38.
13 *Ibid.*, p. 40.
14 *Ibid.*, p. 58.

O irrealizável

participantes do triálogo sugere nesse ponto que essa possibilidade que existe eternamente no princípio é algo similar a uma matéria incriada e desde sempre já existente. Mesmo que os outros participantes afastem essa ideia, é certo que para De Cusa não podia ter escapado a analogia entre sua potência absoluta primordial e a matéria eterna do pensamento clássico.

Pensar uma possibilidade que pode tudo aquilo que é significa pensar em cada coisa a unidade da potência, do ato e de seu nexo (ou, como De Cusa sugere com uma imagem floral, a triunidade da rosa em potência, da rosa em ato e da rosa em potência e ato) e, ao mesmo tempo, atingir o princípio de todas as coisas, isto é, a trindade que em Deus é absolutamente no princípio. Por isso, o diálogo pode ser conduzido à conclusão por meio de uma meditação sobre a proposição «in». A potência absoluta nada mais é que um «in»,[15] um ser *no* princípio como *em* todas as coisas: «Considero agora como por meio do EM se entra em Deus e em todas as coisas. Tudo aquilo que pode ser nomeado não contém em si nada mais do que EM. Se, com efeito, EM não existisse, todas as coisas não conteriam nada e seriam totalmente vazias. Assim, quando olho na substância (*in substantia*), vejo o mesmo EM substanciado, se olho no céu (*in caelum*), vejo-o celestificado, se num lugar, vejo-o localizado».[16] Pensar uma potência absoluta que coincide com o ato significa pensar apenas um «ser em»; a potência no ato e o ato na potência e seu nexo como um ser não substancial, mas, por assim dizer, puramente preposicional: um «em» absoluto, simples e perfeito. «No mesmo IN há primeiro o I e depois o N e seu nexo, de modo que há uma só palavra IN, composta do I, do N e de sua conexão.

---

15 Em português, «em». [N. T.]
16 N. de Cusa, p. 86.

III. O possível e o real 105

Nada é mais simples do que i [...]. O N é gerado primeiramente traduzindo em si mesmo o simplicíssimo i [...] Em IN, a letra I é explicada [...]. Pois o IN, que preenche todas as coisas e sem o qual seriam vazias, é inerente e imanente (*inest et immanet*) a elas e as integra e informa, ele é a perfeição de toda coisa.»[17]

Se a possibilidade é assim liberada por De Cusa de toda sujeição à existência e, ao mesmo tempo, dado que já em si perfeita, pela necessidade de passar ao ato, o limite do triálogo é que o problema da potência é remetido constantemente a seu *locus* teológico. Ou seja, De Cusa pensa — sem dúvida de modo muito original — essa coincidência em Deus de potência e ato, essência e existência que o argumento ontológico havia obstinadamente tentado definir.

4. A proposição heideggeriana do problema do ser em *Ser e tempo* implica um novo pensamento radical da categoria da possibilidade. Se já no segundo capítulo se enuncia, a propósito da fenomenologia, a tese lapidar segundo a qual «mais alto do que a realidade (*Wirklichkeit*) está a possibilidade»,[18] nos capítulos seguintes do livro essa deixa de ser uma categoria modal ao lado das outras e, pelo contrário, define a própria estrutura do ente que Heidegger chama «ser-aí» (*Dasein*). A compreensão «como modo fundamental do ser do ser-aí» é sobretudo um poder-ser (*Sein-können*). «O ser-aí não é algo disponível (*Vorhandenes*), que possui em acréscimo o poder algo, mas é antes de tudo um ser-possível (*ein Möglichsein*). O ser-aí é sempre aquilo que pode ser e no modo como é a sua possibilidade [...]. O poder-ser que o ser-aí é sempre

---
17 *Ibid.*
18 Heidegger 1972, p. 38 (ed. bras., p. 78)

O irrealizável

existencialmente se distingue tanto da vazia possibilidade lógica quanto da contingência de um ente disponível, no sentido de que a este pode acontecer isto ou aquilo. Como categoria modal da disponibilidade, a possibilidade significa o *ainda não* real (*Wirklich*) e o *nunca* necessário. Ela caracteriza aquilo que é *apenas* possível e é ontologicamente inferior à realidade e à necessidade. A possibilidade como existencial é, pelo contrário, a mais originária e última determinação ontológica do ser-aí».[19]

O ser-aí não tem diante de si possibilidades que pode indiferentemente escolher ou abandonar, mas, como o *possest* de De Cusa, existe no modo do poder ser e não é outro senão esse poder ser: «dado que emotivamente situado em seu próprio ser, o ser-aí já é sempre sediado em determinadas possibilidades e, visto que é aquele poder ser que é, desde sempre deixa passar algumas possibilidades, renuncia incessantemente às possibilidades de seu ser, quer as apreenda, quer não. Isso significa que o ser-aí é um ser possível entregue a si mesmo (*ihm selbst überantwortetes Möglichsein*), uma possibilidade lançada de cima a baixo. O ser-aí é a possibilidade do ser livre para o mais próprio poder-ser».[20] Dado que entregue a seu próprio poder ser, o ser-aí não faz projeto, não está livre para escolher esta ou aquela possibilidade, mas já está sempre lançado no projeto (*Entwurf*) assim como em sua estrutura mais própria, no sentido de que projeto e possibilidade definem sua «constituição ontológico-existencial»[21] e não faculdades de que pode dispor.

Não é de espantar, portanto, que, no momento de definir a possibilidade

---

19 *Ibid.*, pp. 143-4 (ed. bras., p. 203).
20 *Ibid.*, p. 144 (ed. bras., p. 203).
21 *Ibid.*, p. 145 (ed. bras., p. 205).

III. O possível e o real

mais própria do ser-aí como ser-para-a-morte, esta mostra não tenha outro conteúdo senão a impossibilidade, isto é, seja constitutivamente irrealizável. «Ser para uma possibilidade, isto é, para um possível, pode significar: ter a ver com um possível no sentido de cuidar de sua realização (*Verwircklichung*). No âmbito do utilizável e do disponível se encontram continuamente possibilidades desse gênero: o atingível, o controlável, o factível e assim por diante.»[22] Ao contrário, o ser-para-a-morte como sua possibilidade específica não pode oferecer ao ser-aí nada para realizar. «Em primeiro lugar, a morte, como possível, não é um possível utilizável ou disponível, mas uma possibilidade do ser do ser-aí. Por outro lado, o cuidar da realização de tal possível equivaleria ao suicídio. Mas, com isso, o ser-aí subtrairia o próprio terreno a partir do qual assumir, existindo, o ser-para-a-morte.» O fato é que a possibilidade mais própria coincide com a possibilidade de uma impossibilidade. «A morte, como possibilidade, não oferece ao ser-aí nada a realizar e nada que possa *ser* como real. Ela é a possibilidade da impossibilidade de todo comportamento em direção [...], de todo existir. Na antecipação dessa possibilidade, ela se torna sempre 'maior', isto é, se revela tal a ponto de não conhecer nenhuma medida, nenhum mais ou menos, mas mostra sobretudo a possibilidade da incomensurável impossibilidade da existência (*die Möglichkeit der masslosen Unmöglichkeit der Existenz*).»[23]

Nesse ponto, a estratégia de Heidegger se torna perspícua: procurando subtraí-la do âmbito da modalidade, na verdade ele contrai a possibilidade numa outra categoria modal, a impossibilidade, e desse modo faz do impossível o

---
22 *Ibid.*, p. 261 (ed. bras., p. 337).
23 *Ibid.*, p. 262 (ed. bras., p. 339).

único conteúdo da possibilidade mais própria do ser-aí. Como foi observado, isso significa inverter o princípio da ontologia wolffiana, segundo a qual do impossível deriva apenas o impossível: aqui, o impossível é, pelo contrário, a fonte originária da possibilidade, e a tese citada é integrada pelo codicilo segundo o qual «mais alto do que a possibilidade está a impossibilidade».[24] A novidade em relação à tradição ontológica é, no entanto, menos radical do que parece. Se a possibilidade é aqui irrealizável, isso não é porque ela em si mesma seja real, mas sobretudo porque seu conteúdo é impossível. Como estrutura constitutiva do ser-aí, ela não tem que se realizar no ato, mas isso apenas significa que o ser-aí, que tem que ser o poder ser em que está lançado, não tem propriamente nada para ser. Poder um poder ser é, em si, impossível.

Então, compreendemos por que a estrutura última e o sentido do ser-aí só podem ser a temporalidade.[25] O nexo com a ontologia aristotélica, na qual a diferença entre essência e existência implicava o tempo («o ser que era»), aqui se faz particularmente evidente. Se a temporalidade é «o ser fora de si, o *ekstatikon* puro e simples», o ser-aí, que tem que ser seu impossível poder ser, é, por isso, desde sempre em êxtase no tempo. A possibilidade que o tempo lhe desvela é, todavia, nula: «O porvir autêntico e originário é o 'a-si-para' (*Auf-sich-zu*) para *si*, existindo como a possibilidade insuperável da nulidade. O caráter extático do porvir originário consiste justamente no fechar o poder-ser, isto é, no ser ele próprio fechado (*geschlossen*) e no tornar como tal possível a re-soluta (*entschlossene*) compreensão existencial da nulidade. O chegar a

---
24 Esposito, p. 310.
25 *Ibid.*, p. 331.

si mesmo autêntico é o sentido do existir na nulidade mais própria».[26]

5. O *Opus postumum* de Kant — uma série de notas aparentemente heterogêneas publicadas pela primeira vez, em partes e não sem imprecisões, apenas um século depois da morte do autor — é talvez a menos estudada dentre as obras kantianas. É possível, todavia, como estudos recentes parecem sugerir depois da edição definitiva nos volumes XXI-XXII da *Akademie Ausgabe* (1936--38), que ela desenvolva motivos que em vários pontos vão além do sistema canônico das três *Críticas*.

Aqui, nos interessam as seções em que Kant volta a se interrogar sobre o estatuto próprio do espaço puro e do tempo puro, que na tabela classificatória do conceito de nada na primeira *Crítica* eram rubricados sob a fórmula *Ens imaginarium*, ou «Intuição vazia sem objeto», e do conceito de númeno, que a mesma tabela definia *Ens rationis*, ou «Conceito vazio sem objeto». Enquanto as outras duas formas do conceito de nada — o *nihil privativum* (a simples negação de algo, como a sombra e o frio) e o *nihil negativum* (a mera contradição, como a «figura retilínea com dois lados») — são, nas palavras de Kant, apenas «conceitos vazios» (*leere Begriffe*), as duas primeiras representam, pelo contrário, «dados vazios para os conceitos» (*leere Data zu Begriffen*), quase como, segundo essa expressão paradoxal, neles algo como um vazio se desse ao pensamento.

No *Opus postumum*, Kant parte desses «dados vazios» para repensar desde o início a divisão fundamental das duas fontes do conhecimento: a receptividade e a espontaneidade, a sensibilidade e o intelecto. Se

---
26 *Ibid.*, p. 330.

O irrealizável

na primeira um objeto nos é dado, e na segunda ele é pensado em relação à representação, o eixo central da *Crítica* era que o conhecimento pode chegar apenas por meio da colaboração dessas duas fontes originárias. Na escrita minuciosa que preenche as páginas do *Opus*, Kant coloca em questão as duas formas do nada em que um vazio parece se dar à sensibilidade e ao pensamento. Qual é o estatuto de uma «intuição vazia sem objeto», tal como se dá no espaço puro e no tempo puro, e de um «conceito vazio sem objeto», tal como o númeno? Como pensar uma receptividade sem objeto que parece corresponder de algum modo a uma espontaneidade também vazia de um objeto?

Retomando obsessivamente em inúmeras variações as definições do espaço e do tempo como formas da intuição, as anotações dos convolutos VII e XI aí introduzem, a cada vez, elementos novos que se deslocam para uma nova perspectiva.

«Espaço e tempo não são objetos da intuição. Com efeito, se o fossem, seriam coisas reais e requereriam por sua vez outra intuição para que pudéssemos representá-los como objetos, e assim ao infinito. As intuições não são percepções quando AINDA são, porque para isso são requeridas forças que determinam o sentido. Como é possível, no entanto, que intuições ainda deem ao próprio tempo *principia* às percepções, por exemplo, a atração dos corpos celestes? (Espaço e tempo não são objetos da intuição), mas formas subjetivas da própria intuição, porque contêm um princípio de proposições sintéticas *a priori* e da possibilidade de uma filosofia transcendental: fenômenos antes de toda percepção.»[27] Aqui, é preciso que nos dediquemos à singular expressão, que

---

27 Kant, *Opus postumum*, p. 257.

nos termos da *Crítica* não teria sentido: «fenômenos antes de toda percepção (*Erscheinungen vor allen Wahrnehmungen*)». Tem-se aí uma fenomenicidade que precede toda experiência concreta, quase como se algo como uma dimensão fenomênica pudesse se dar antes da experiência possível, isto é, antes dos fenômenos que constituem o único objeto possível da experiência. As notas não se cansam de repetir que espaço e tempo não são apenas formas da intuição, mas são eles mesmos intuições que, como tais, permitem fundar axiomas e proposições sintéticas *a priori*, mesmo que não esteja claro o que neles seja intuído, a partir do momento em que, como intuições puras, elas são, por definição, privadas de objetos.

É nesse ponto que Kant introduz um conceito tão decisivo quanto problemático, que, antes de tudo, é preciso esclarecer: «fenômeno do fenômeno» (*Erscheinung einer Erscheinung*, «aparência de uma aparência»). No espaço e no tempo como intuições puras e na coisa em si, não estamos lidando diretamente com fenômenos, mas com o modo como o sujeito, na experiência de um fenômeno, é afetado não pelo objeto, mas por si mesmo, por sua própria receptividade. Se não representamos para nós apenas fenômenos no espaço e no tempo, mas também os próprios espaço e tempo como fenômenos e objetos sensíveis e, na ciência física, formamos conceitos como o éter e a matéria, que não são de modo algum dados na experiência empírica, é porque essa fenomenicidade, por assim dizer *a priori*, funda-se numa autoafecção do sujeito.

O fenômeno do fenômeno, escreve Kant, é «representação do formal com a qual o sujeito impressiona a si mesmo segundo um princípio e é para si mesmo espontaneamente um objeto: isso já não é, por sua vez, representação empírica do objeto e do fenômeno, mas conhecimento *a priori* do objeto sensível, segundo o qual o sujeito não retira daquele complexo nada mais, para a agregação, do que ele mesmo aí colocou».[28] «O fenômeno do fenômeno», lê-se em outra página, «é o fenômeno do sujeito que afeta a si mesmo.» No convoluto VII, o próprio conceito de autoafecção é empregado a propósito da coisa em si: «A coisa em si não é outro objeto, mas outra relação (*respectus*) da representação para o mesmo sujeito, para pensar este último não de forma analítica, mas sintética, como o complexo (*complexus*) das representações intuitivas como fenômenos, isto é, de tais representações que contêm um fundamento de determinação apenas subjetivo das representações da unidade da intuição. O *ens rationis* = x é a posição de si segundo o princípio de identidade, em que o sujeito é pensado como afetante a si mesmo (*als sich selbst afficirend*), e, por isso, para a forma apenas como fenômeno».[29] Outra anotação define «fenômeno do fenômeno» essa autoafecção do sujeito: «O fenômeno subjetivo indireto, no qual o sujeito é para si mesmo um objeto do conhecimento empírico e, todavia, ao mesmo tempo, faz de si mesmo objeto da experiência como afetante de si mesmo, é o fenômeno de um fenômeno».

Reflitamos sobre essa particular estrutura de uma fenomenicidade que parece preceder a percepção dos fenômenos. Uma anotação do convoluto VII especifica que espaço e tempo nos são dados enquanto somos afetados pelos objetos como fenômenos: «Espaço e tempo não são objetos dados da intuição, mas eles próprios intuição, e precisamente pura, *a priori*; eles, no entanto, nos pertencem

---

28 *Ibid.*, p. 176.
29 *Ibid.*, p. 285.

III. O possível e o real 113

apenas enquanto nos sentimos afetados pelos objetos, isto é, aparecem como simples fenômenos. Não empiricamente, portanto, de modo que contenha a possibilidade da experiência».[30] No dar-se do espaço e do tempo, que torna possível a experiência dos fenômenos, experimentamo-nos enquanto afetados pelos objetos, somos afetados de algum modo por nossa própria receptividade e, desse modo, nos tornamos objetos para nós mesmos. «Espaço e tempo», especifica outra anotação da mesma época, «não são, assim, objetos da intuição [...] com eles o sujeito se constitui ele próprio num objeto.»[31]

Assim, esclarece-se o sentido da expressão paradoxal «fenômeno do fenômeno», que por vezes Kant define também «fenômeno indireto» ou «de segundo grau». A autoafecção que nele está em questão não precede de modo factual a experiência dos fenômenos, mas está implícita neles e, ao mesmo tempo, funda-lhes a possibilidade numa espécie de fenomenicidade de segunda potência. O que nela vem à aparência e se dá de algum modo como fenômeno é o próprio sujeito como fonte originária do conhecimento, além de sua cisão em receptividade e espontaneidade. «O objeto da intuição pura», recita outra anotação, «por meio da qual o sujeito coloca a si mesmo, é infinito, ou seja, espaço e tempo. O conhecimento compreende intuição e conceito: que sou dado a mim mesmo e sou pensado como um objeto. Existe algo, não sou simplesmente um sujeito lógico e um predicado, mas também objeto de percepção, *dabile, non solum cogitabile.*»[32]

Nessa receptividade que afeta a si mesma, as duas fontes originárias do

---
30 *Ibid.*
31 *Ibid.*, p. 277.
32 *Ibid.*, p. 305.

O irrealizável 114

conhecimento coincidem sem resíduos: «Posição e percepção, espontaneidade e receptividade, relação objetiva e relação subjetiva são ao mesmo tempo (*zugleich*), porque são idênticas segundo o tempo por serem fenômenos de como o sujeito é afetado e, portanto, são dadas *a priori* no mesmo *actus*».[33] A possibilidade da experiência repousa, em última análise, numa autoafecção.

6. É nessa receptividade que afeta a si mesma que seria possível fundar uma teoria da possibilidade emancipada de toda concepção meramente modal e, ao mesmo tempo, subtraída daquela que chamamos de máquina ontológico-política do Ocidente. A possibilidade cessa de exprimir a relação de um objeto com a faculdade de conhecer e, destacando-se ao mesmo tempo de qualquer relação de pressuposição em relação ao ato, apresenta-se sobretudo como experiência de um sujeito afetado por sua própria receptividade.

Onde experimento minha própria receptividade essa experiência é perfeitamente real; todavia, quando não há outro objeto senão ela mesma, e sujeito e objeto nela coincidem, ela abre o espaço de uma pura possibilidade, na qual o mundo e a vida se tornam para mim, pela primeira vez, possíveis. Uma receptividade que afeta a si mesma é, nesse sentido, a única definição adequada de uma possibilidade que não permanece prisioneira numa dimensão meramente lógico-modal e de uma potência que não tem nenhuma necessidade de se realizar e de passar ao ato. Entre potência e ato não há passagem: como o semiótico e o semântico, de acordo com Benveniste, eles são cooriginários e incomunicantes.

---

[33] *Ibid.*, p. 198.

A imagem aristotélica da potência como uma tábua para escrever sobre a qual nada ainda foi escrito adquire aqui — se lida corretamente — sua pertinência. O apontamento preciso de Alexandre de Afrodísia, segundo o qual o que está em questão aqui não é a tábua, mas a preparação de cera sensível que a recobre, deveria ser compreendido como uma imagem da autoafecção da receptividade: no ponto em que a tábua para escrever é e sente sua própria receptividade, sua potência é real sem nenhuma necessidade de uma passagem ao ato: nas palavras de Alberto Magno, «é como se as letras escrevessem a si próprias sobre a cera».

Nesse sentido, quando experimento uma potência, quando digo «posso escrever», isso não implica de modo algum que eu deva realizar uma possibilidade em si não real. «Posso escrever» não significa que eu tenha a potência de escrever e, consequentemente, de realizar no ato essa potência: significa que escrever é, para mim, imediatamente verdadeiro e real, é minha forma de vida e não uma potência da qual seria o titular. Se fosse assim, se «posso escrever» designasse uma potência de escrever que deve se realizar no ato, eu nunca poderia escrever, porque do ato à potência não há nenhuma passagem. A possibilidade se gera no mesmo contexto que o ato e é inseparável e, ao mesmo tempo, irredutível a este: nesse sentido, sempre *sub actu*. Se, enquanto sinto, sinto sentir e sou afetado por minha própria receptividade, então isso é, para mim, completamente possível e, ao mesmo tempo, real. E, enquanto a efetividade é o estado de atribuição impotente à factualidade dos entes, pelo contrário, essa experiência coincide com o *conatus*, com a exigência de perseverar no próprio ser que define, segundo Espinosa, a vida.

Se voltamos ao tema do qual partimos, podemos dizer que o possível é a instância de um irrealizável em cada real. Longe de ser aquilo que contém em si uma inclinação para se realizar, o possível é aquilo que resiste à realização e, desse modo, *pode* aquilo que é e é aquilo que pode. A cisão da «coisa» do pensamento e da linguagem em potência e ato, essência e existência, sobre a qual se funda a ideia de uma passagem necessária da potência ao ato, é, pelo contrário, solidária do dispositivo ontológico que concebe o ser e a realidade como um processo de incessante realização. Como vimos, essa concepção não apenas se desenvolve em aporias e contradições, mas acaba por destruir teórica e praticamente, metafísica e politicamente a realidade que queria compreender. A realidade é em todos os âmbitos desfeita pelos processos de realização que deveriam assegurar-lhe consistência. É certo que uma realidade cindida numa possibilidade irreal e numa efetividade a cada vez por ser realizada presta-se ao controle e à manipulação; todavia, justamente porque, soltando-se de suas premissas teológicas, a realização se pressupõe contínua e interminável, a própria possibilidade de um governo da realidade se revela ilusória.

Ainda assim, a partir do conceito de possibilidade que procuramos definir, há outro modo de conceber a «coisa» do pensamento, que a subtrai do destino que parece condená-la à falência e à catástrofe. O termo «coisa» com frequência é usado, tanto na filosofia como no discurso comum, junto com o adjetivo anafórico «mesmo» (no sentido do latim *ipse*): a coisa mesma, que na *Sétima Carta* platônica designa o objeto mais próprio do pensamento (*to pragma auto*). Antes da coisa como correlato intencional — abstrato e desde sempre dividido — da linguagem, antes e ao lado do vaso de Heidegger, inscrito na quaternidade poética da terra e do céu, dos divinos e dos mortais, está a coisa mesma, que corresponde à experiência da possibilidade que acabamos de definir. Quando, na experiência de uma pura receptividade, se abre uma possibilidade real, esta coincide com a realidade da coisa em seu ser manifesta e dizível, antes e além de toda cisão entre potência e ato, essência e existência. A realidade, a coisalidade do vaso, não é outra coisa: é o próprio vaso em sua abertura, tomado na e a partir da sua inscrição no dispositivo ontológico, na e a partir da sua correlação com a linguagem. Isto é, é ideia, visão de uma pura visibilidade, consciência de uma pura cognoscibilidade: uma possibilidade como tal perfeitamente irrealizável. A política que se atém a essa possibilidade irrealizável é a única e verdadeira política.

As anotações do *Opus postumum* sobre o espaço e tempo puros, que são intuições vazias nas quais todavia se dá algo como uma matéria, podem ser lidas em conexão com a doutrina platônica da *khôra*, que a tradição filosófica sempre viu como uma teoria ao mesmo tempo do lugar e da matéria. Segundo Kant, posso pensar um espaço puro e uma matéria apenas por meio de uma autoafecção, na qual o sujeito é afetado por sua própria receptividade. Mesmo a definição «difícil e obscura» que no *Timeu* Platão dá da *khôra* contém algo como uma autoafecção. Aí, Platão distingue três gêneros de ser: o inteligível, que se apreende com a inteligência como espontaneidade que não recebe nada; o sensível, que se apreende com a sensação (*met'aistheseos*); e a *khôra*, «tangível com um raciocínio bastardo acompanhado pela ausência de sensação (*meta anaistheseos*)». O que significa «perceber com uma ausência de sensação», a não ser experimentar, exatamente como em Kant, o dar-se de uma intuição vazia, de uma pura receptividade sem outro objeto senão ela própria?

A ANTIGA SELVA.
Khôra Espaço Matéria

> Κἀγώ μοι δοκῶ μεμνημένος μάλα φοβεῖσθαι πῶς χρὴ
> τηλικόνδε ὄντα διανεῦσαι τοιουτόν τε καὶ τοσοῦτον
> πέλαγος λόγων.
>
> Platão, *Parmênides* 137c
>
> *Santo Platão, nos perdoe! Pecamos gravemente contra você.*
>
> Friedrich Hölderlin

I. *Silva*

1. Conhecemos apenas o nome de um autor de uma tradução latina parcial e de um comentário ao *Timeu* de Platão: Calcídio. Ainda assim, foi graças a esse desconhecido, sobre quem nem mesmo a datação é certa (meados do século IV, segundo alguns, entre os séculos IV e V, de acordo com o editor da monumental edição crítica *in aedibus Instituti Warburgiani*), que o Medievo latino conheceu Platão. Platão — ao menos até as traduções de Enrico Aristippo na metade do século XII — é essencialmente o *Timeu*, e a língua em que os três interlocutores do diálogo — Sócrates, Crítias e Timeu, mas um quarto falta — discutem é o latim aparentemente humilde, mas, na realidade, peculiar e inventivo de Calcídio. O destino de Platão — como muito drasticamente já foi sugerido — esteve por muito tempo nas mãos desse desconhecido. Ainda que tradução e comentário dissessem respeito apenas à primeira metade da obra, com efeito seu livro teve, a partir do século XI, uma tão vasta difusão que foi possível afirmar que não havia uma biblioteca medieval que dele não tivesse uma cópia (a tradução de cerca de um quarto do diálogo, começada por Cícero, é atestada apenas por três códigos, contra 198 de Calcídio). Mesmo na era humanista, Petrarca e Pico possuíam, cada um, um exemplar, por ambos febrilmente anotado nas margens, e é provável que em suas peregrinações Dante o tivesse lido com não menos cuidado. Calcídio é particularmente consciente da dignidade e da dificuldade de sua tarefa como tradutor, que define, na dedicatória ao «seu Ósio», «uma obra até então jamais tentada» e uma

res ardua.[1] Por isso, consciente de que «o simulacro de uma escritura recôndita», como é uma tradução, corre o risco de resultar ainda mais obscuro do que o original, decidiu a ela acrescentar um comentário, no qual insere, ademais, um breve tratado sobre a obscuridade. Se «muitos discursos são verdadeiros, mas obscuros»,[2] a *obscuritas* pode depender da intenção do autor, da incapacidade de quem escuta ou da natureza da coisa tratada; mas, uma vez que no caso em questão «Timeu que disserta certamente não é um orador inseguro, nem seus ouvintes são atrasados»,[3] resta que a obscuridade deriva da dificuldade do argumento. Como a exotérica canção de Cavalcanti, que pode ser lida apenas «pelas pessoas que têm entendimento», também o *Timeu* «foi pensado somente para aqueles que têm familiaridade com o uso e o exercício de tais ciências»[4] (isto é, como pouco antes especificado, a aritmética, a astronomia, a geometria, a música).

O que Calcídio está comentando na última parte de seu livro é a teoria platônica da matéria, certamente tão difícil que não pode ser «aberta e lucidamente intimada».[5] É justamente para passar ao latim esse impermeável conceito que Calcídio dá provas de seu incomparável gênio de tradutor: em seu comentário, ele traduz o grego *hyle* (e os outros termos dos quais Platão se serve, segundo ele, para exprimir a matéria) por *silva*, «selva, floresta».

2. A escolha do desconhecido é tão singular que não pode ser propriamente definida nem fiel nem traidora. O fato é que o termo

---
1 Calcídio, p. 4.
2 *Ibid.*, p. 630.
3 *Ibid.*
4 *Ibid.*, p. 114.
5 *Ibid.*, p. 630.

hyle não aparece no *Timeu*, exceto uma vez, numa passagem (69a) que não pertence à seção traduzida por Calcídio, para significar metaforicamente a parte do argumento que resta ser tratada («agora que estão frente a frente, como a madeira e o artesão — *oia tektosin emin hyle* —, os dois gêneros de causa»). Para designar aquela que seu aluno Aristóteles chamará de *hyle*, no sentido técnico-filosófico de matéria, Platão se serve no diálogo de um termo — *khôra* — que significa «espaço, território, região», que o desconhecido, de fato, sempre traduz por *locus*. Quem identificou a *khôra* com a matéria foi Aristóteles, que na *Física* afirma de forma peremptória, mesmo sem nenhuma base textual: «Platão sustenta no *Timeu* que a *hyle* e a *khôra* são a mesma coisa», acrescentando logo na sequência que isso vale também para o lugar («ele afirmava que o *topos* e a *khôra* eram o mesmo», *Fís.* 209b11-16). O desconhecido sabe disso tão bem, no início da última parte de seu comentário — que alguns códigos escrevem abaixo a rubrica *De silva* —, que no momento de justificar sua tradução pode sabiamente escrever: «Uma vez que esses corpos não podem existir sozinhos e por si sem a essência que os acolhe, que ele chama ora 'mãe (*matrem*)' ora 'ama (*nutricula*)', e por vezes também 'ventre (*gremium*)' de tudo o que foi gerado, e com frequência 'lugar (*locum*)' e que os mais jovens dentre nós (*iuniores*, isto é, os filósofos platônicos que o precederam, sobre os quais Calcídio mostra diversas vezes sua desconfiança) chamavam *hyle* e nós chamamos 'selva' (*nos silvam vocamus*)».[6] Desse elenco dos termos platônicos para matéria também faz parte «necessidade», sobre o qual poucas páginas antes Calcídio escreve: «Com o termo 'necessidade' (*necessitas*) Platão indica a *hyle* que nós, em latim, podemos chamar

---
6   *Ibid.*, p. 562.

I. *Silva*

de 'selva' (*quam nos Latine silvam possumus nominare*)».[7] Antes, ainda, comentando a passagem do diálogo em que se diz que a terra é a mais antiga dentre as divindades, havia escrito que, «de fato, depois do caos, que os gregos chamavam *hyle* e nós selva».[8] «Selva», para traduzir a suposta matéria de Platão, é, portanto, uma invenção não menos feliz do que arbitrária: segundo um dos significados metafóricos do termo em latim, ela recolhe numa só palavra uma verdadeira floresta de vocábulos.

3. Para mensurar a originalidade da escolha do desconhecido, é preciso lembrar que o latim lhe oferecia um termo — *materia* ou *materies* — usado tanto para traduzir o grego *hyle*, em sentido filosófico, quanto para a *khôra* do *Timeu*. «Platão», escreve Cícero (*Ac.* E, 118), «afirma que o mundo foi feito por um deus sempiterno a partir de uma matéria que acolhe em si todas as coisas (*ex materia omnia in se recipiente*)», e Apuleio (1, 5) reforça, de forma não menos peremptória, ao se referir ao *Timeu*, «Platão pensa que existem três princípios das coisas: deus, a matéria e as formas das coisas (*deum et materiam rerumque formas*)». Mesmo que se sirva ocasionalmente deste termo (*silva et materies*),[9] Calcídio prefere um vocábulo que, ainda que traduza perfeitamente o significado vegetal do grego, poderia parecer pouco adaptado para exprimir a nova vocação filosófica da matéria. O termo *silva*, todavia, era usado na retórica para designar algo que podia ter a ver com a matéria ou o argumento de uma oração. Quintiliano nos informa sobre o vício daqueles que, esquecendo de que a pena deve ser «lenta, mas precisa», percorrem da maneira mais veloz

---
7 *Ibid.*, p. 554.
8 *Ibid.*, p. 344.
9 *Ibid.*, p. 331.

O irrealizável

possível a matéria a ser tratada, escrevendo extemporaneamente (*ex tempore*) segundo «o calor e o impulso»: «esse modo de escrever», ele acrescenta, «é chamado de selva (*hanc silvam vocant*)» (x, 3). Cícero, por sua vez, serve-se do termo para significar a exuberância da matéria de um discurso: *rerum est silva magna* (*De or*. III, 93); *omnis enim ubertas et quase silva dicendi* (*Or*. 12). Há uma selva nas palavras assim como há uma selva de árvores e marcas. O desconhecido dificilmente podia ignorar esses significados do termo, da mesma forma como, certamente, sabia que Estácio havia intitulado *Silvae* sua coletânea poética, provavelmente aludindo à variedade e à multiplicidade dos temas abordados em detalhe (nesse sentido, o termo ainda aparece como título de uma seção na terceira e melhor coletânea de Montale, *La buera e altro*). Em todo caso, um ouvido latino percebia na palavra *silva* uma exuberância, uma obscuridade e uma espessura que se adequavam bem ao novo conceito de matéria que no fim do mundo antigo, por meio da apócrifa atribuição a Platão, se transmitia ao Medievo.

4. A opção florestal de Calcídio teria, oito séculos depois, um séquito inesperado na escola dos platônicos de Chartres. Uma das personalidades mais singulares da escola, de cuja vida sabemos quase tão pouco quanto em relação a Calcídio, havia sido tão seduzida pela *silva* do *Timeu* latinizado que decidiu desta retirar seu próprio nome: Bernardo «Silvestre», isto é, «material». Filósofo e poeta ao mesmo tempo, autor de uma tragédia, o *Mathematicus*, que é uma espécie de reelaboração catártica do *Édipo rei*, Bernardo compôs um prosímetro intitulado *Cosmographia* ou *De universitate*

mundi, no qual, como no *Timeu*, estão em questão a origem e a estrutura do universo. Tanto como poeta quanto como filósofo, Bernardo professa uma poética da figura ou do invólucro (*involucrum*), que divide em duas espécies: a alegoria, que diz respeito à «página divina», e o *integumentum*, a «cobertura» ou o «travestimento», forma própria da filosofia, que «esconde o verdadeiro em figuras obscuras».[10] Por isso, ele trasveste os conceitos filosóficos em personagens, o primeiro dos quais é, justamente, Silva, que, diferentemente dos outros — Natureza, Nous, Physis, Providência —, permanece durante todo o livro muda, enquanto os outros só falam dela. De *Silva* ao Silvestre é preciso sublinhar sobretudo a ambiguidade e a exuberância: «caos informe, amontoado em luta consigo mesmo (*concretio pugnax*), pálido rosto da substância (*discolor usiae vultus*), massa por si própria desafinada (*sibi dissona massa*), turva mistura», e, ao mesmo tempo, «ventre gerador, primeiro substrato das formas, matéria dos corpos, fundamento da substância». *Nous*, para colocar ordem no informe, deve vencer sua malícia (*malum Silvae*) e, no entanto, «deve-lhe honra e agradecimento, porque tem difusos em seu ventre, como num berço, os princípios geradores do mundo: há nela um grito, que pede para que lhe seja conferida uma veste mais harmoniosa».[11] E, por fim, uma vez domado o caos, a selva pode ser chamada «por seu verdadeiro nome: mundo» e ser ordenada na esplêndida figura das coisas.

Um eco dessa ambiguidade está, verossimilmente, na mais ilustre descendência da *silva* de Calcídio: a selva de Dante. «A antiga selva» do paraíso terrestre evoca, com efeito, literalmente a

---
10 Bernardo, pp. 554-5.
11 *Ibid.*, p. 463.

O irrealizável 128

antiquior silva do desconhecido (*unam quandam antiquiorem communem omnium silvam*);[12] mas, a partir do momento em que a «selva obscura» em que o poeta se encontra no início da *Comédia* é, como Dante não se cansa de sugerir, a própria floresta edênica, «aqui inocente era a humana raiz» (*Purg.* XVIII, 142), será lícito levantar a hipótese de que a selva na qual Dante se perde é, entre outras coisas, a *silva* da matéria, que, todavia, uma vez purificada sua razão («é livre a tua vontade e reta e boa», *Purg.* XXVII, 140), é restituída à sua primordial inocência, a ponto de poder ser figurada por uma menina apaixonada que dança, cujas primeiras letras do nome (Matelda) coincidem com as da matéria. A matéria é, ao mesmo tempo, a selva obscura do pecado e a «divina floresta, espessa e viva» na qual a humanidade pode encontrar sua natural justiça.

É importante corrigir a opinião comum segundo a qual Calcídio teria sido um autor cristão.[13] Calcídio, como já se notou, nunca cita o Novo Testamento e os autores cristãos, enquanto mostra conhecer bem a cultura hebraica e o Antigo Testamento, que cita não só segundo a Septuaginta, mas também, algo certamente não comum, na versão de Áquila e naquela de Simmaco.[14] Na única passagem em que evoca, de modo genérico e sem citar a fonte, a propósito dos influxos negativos da estrela Sirius, um episódio (*historia*) do Evangelho (a estrela que anuncia o nascimento de «um Deus venerável, que desceu para a salvação dos homens e das coisas mortais»),[15] ele atribui, sem equívoco possível, a familiaridade com essa «história» a Ósio e não a

---
12 Calcídio, p. 567.
13 Waszink, pp. XI-XII; Calcídio, p. XXXI.
14 Calcídio, p. 567.
15 *Ibid.*, p. 348.

I. *Silva*

si: «Tu conheces essas coisas muito melhor do que outras». Se quisesse ter atestado sua fé cristã, poderia ter usado uma fórmula do tipo «nós as conhecemos», enquanto a evocação inesperada do cristão a quem dedica o livro é um modo discreto, mas inequívoco, de declarar a própria estranheza ao cristianismo. É possível que, como atesta seu nome, ele proviesse de uma comunidade hebraica da Calcídica, onde a presença de uma comunidade de judeus que falam grego foi atestada por vários testemunhos.

5. Chegado a esse ponto decisivo do diálogo, no qual Platão define o estatuto da *khôra* como «terceiro gênero» do ser ao lado do inteligível e do sensível, Calcídio se dá conta de que se encontra diante de «algo como uma concepção maravilhosa (*mira quadam animi conceptione*),[16] na qual «a altura da mente (aliás, do peito, *altitudo pectoris*)» do autor reduziu em poucas palavras (*brevi elocutione*) o que pensava — aliás, suspeitava, porque sobre a selva não são possíveis senão conjecturas (o desconhecido usa aqui duas vezes o termo *suspicio*). O comentador se detém por quase duas páginas na problemática expressão com a qual Timeu compendia a especificidade da *khôra*: «tangível com ausência de sensação (*met'anaisthesias apton*)», a qual, por sua vez, havia traduzido, não sem forçar seu sentido, *ipsum sine sensu tangentes tangitur* («toca-se sem a sensação daquele que toca»). A percepção, observa ele, é percepção de coisas certas e definidas, que têm forma e qualidade, enquanto a selva é algo indefinido, privado de forma e figura; portanto, não podemos imaginá-la com a sensação, mas, justamente, apenas *sine sensu*. E, todavia

---

16 *Ibid.*, p. 670.

O irrealizável

— e aqui a língua do desconhecido exalta sua sutileza —, «produz-se uma espécie de apalpamento evanescente sem contágio (*fit tamen evanida quaedam eius attrectatio sine contagio*)»,[17] no qual não tocamos a selva, mas os corpos que estão dentro dela, que, «uma vez sentidos, fazem nascer em nós a suspeita de senti-la (*quae cum sentiuntur, suspicio nascitur ipsam sentiri*)». A percepção da matéria só pode ser obscura e não é um sentido, mas um com-senso (*consensus*), uma cossensação que acompanha a clara sensação dos corpos. Por isso, «uma vez que as coisas silvestres são percebidas, enquanto a selva por sua natureza de fato não é percebida, mas se crê senti-la ao mesmo tempo que aquelas, produz-se assim uma sensação incerta e muito bem se diz que 'a selva se toca sem a sensação daqueles que a tocam'».[18] Aqui, acontece «como quando alguém diz ver o escuro mesmo sem a sensação (*ut si quis dicat tenebras quoque sine sensu videri*). A visão de um homem que olha no escuro, com efeito, não sente, como com frequência acontece, as coisas coloridas e luminosas, mas, por uma afecção contrária e pela perda e indigência de todas as coisas que os olhos veem — o escuro, de fato, é incolor e privado do esplendor da claridade —, não pode perceber nenhuma qualidade do escuro, mas apenas conjecturar (*suspicari*) o que não é em vez de qual das coisas é; e, não vendo nada, para ele, parece que vê aquilo que não vê (*videtur videre quod non videt*) e crê ver algo, enquanto não vê nada: o que é, de fato, uma visão no escuro? [...] Do mesmo modo, também a selva parece tocável (*contigua*), porque se crê que seja tocada (*contingi*), quando as coisas que por excelência são tocadas se submetem aos

---
17 *Ibid.*
18 *Ibid.*

sentidos, mas o contato com a matéria é acidental, por isso sem sensação, porque por si só não pode ser percebida nem com o tato nem com nenhum outro sentido».[19]

A comparação entre a «suspeita» da matéria e a visão no escuro deriva de Plotino, que, comentando a passagem do *Timeu* em questão, havia assimilado a obscuridade à percepção da matéria, escrevendo: «O que é essa indeterminação da alma? Talvez uma inconsciência e uma afasia? Ou a indeterminação consiste em certo discurso positivo (*en katafasei tini*) e, como para o olho a obscuridade é a matéria de toda cor visível, assim a alma, tolhendo das coisas sensíveis, por assim dizer, toda luz, e não conseguindo mais definir o que resta, se torna similar à visão que se tem na obscuridade e se identifica à obscuridade de que tem como que uma visão» (*Eneadas*, II, 4.10). Seguindo e simplificando a seu modo o texto de Plotino (que não por acaso seu editor, Porfírio, havia intitulado *Sobre as duas matérias*), o desconhecido orientou a exegese do texto platônico por meio de uma imagem que a tradição mística havia e haveria de constantemente retomar a cada vez que se tratava de descrever a consciência — ou, sobretudo, a inconsciência (Plotino se utiliza dos termos *anoia* e *afasia*) — do inefável. É possível, todavia, que as palavras de Timeu não sejam assim tão enigmáticas e que a metáfora tenebrosa do desconhecido tenha contribuído para, por muito tempo, desviar a interpretação de uma passagem certamente decisiva do diálogo, a qual, portanto, é preciso tentar interpretar desde o início.

---

19 *Ibid.*, p. 672.

O irrealizável

II. *Khôra*

1. Que o problema da *khôra* no *Timeu* é no mínimo obscuro é um lugar-comum que tanto os intérpretes antigos quanto os modernos não se cansam de lembrar. Esse juízo, no mais, parece autorizado pelo próprio Platão, que define a *khôra* como «uma espécie difícil e incerta» (*kalepon kai amydron eidos*, 49a) e coloca nos lábios de Timeu uma curiosa teoria que — a partir do momento em que «os discursos são afins (*syggenesis*, da mesma família) às coisas de que são intérpretes» (29b) — parece justificar a obscuridade e a incoerência da exposição com a natureza particular do tema enfrentado. É importante, todavia, não esquecer que a obscuridade é parte integrante da «arte da escrita» e que um discurso aparentemente enigmático pode selar um significado perfeitamente claro. Uma leitura mais atenta da passagem em questão mostra, de fato, que o esoterismo platônico não se resolve numa justificação da vagueza, mas que, justamente ao contrário, a forma expositiva particular que Timeu escolheu adotar é a que permite a maior clareza possível. Com efeito, Timeu distingue duas espécies de discursos: a primeira, que foca no paradigma, deverá como este ser imóvel (*monimos, akinetos*) e firme (*bebaios*), enquanto a segunda, que diz respeito à imagem, deverá ser, pelo contrário, como a imagem, sobretudo verossímil (*eikotas*, a correspondência é marcada com força pela aliteração *eikonos eikotas: ontos de eikonos eikotas ana logon te ekeinon ontas*, «sendo aquele uma imagem, serão por analogia imaginais», 29c). Se o segundo discurso certamente não poderá ser «irrefutável» como o primeiro, ele veiculará

todavia seu significado da maneira mais convincente, como Timeu tem o cuidado de especificar: «mas se, aliás, oferecemos discursos não menos (*medenos etton*) verossímeis, é preciso com eles estar satisfeitos» (29d). A fórmula *medenos etton*, não menos, que marca com força a oposição, será ainda mais significativa quando explicitamente retomada no momento de passar à exposição da *khôra*: «permanecendo fiel ao que disse no início em relação à força dos discursos verossímeis, procurarei enunciar não menos verossímeis, aliás até mais» (*medenos etton eikota mallon de*, 48d). Mais do que implicar, como uma tradição exegética que remonta a Calcídio continua imprudentemente a repetir, uma conjectura nebulosa sobre aquilo que algo não é mais do que sobre o que é, a premissa metodológica de Timeu exige, de forma compatível com seu objeto, a maior perspicuidade possível. A fórmula «uma espécie difícil e incerta (*kalepon kai amydron eidos*)», com tanta frequência citada para sancionar uma inevitável obscuridade (mas *amydron* não significa tanto «escuro» quanto difícil de distinguir ou de ler: *amydra*, não legíveis, são, por excelência, os *grammata*, as letras), adquire seu verdadeiro sentido apenas se for restituída à perspectiva dessa exigência: «o discurso (*logos*) parece agora nos obrigar a tentar tornar clara — *enphanisai* — com as palavras (*logois*) uma espécie difícil e incerta».

Os atributos por meio dos quais Timeu define o paradigma inteligível, no mais, não são necessariamente positivos. *Akinetos*, imóvel, é usado no *Sofista* pelo estrangeiro para depreciar a imobilidade do ser parmenidiano: «tendo em mente, vida e alma, permanecerá, animado como é, absolutamente imóvel?» (*akinetos* [...]

O irrealizável

estanai, 249a). Que a distinção entre as duas espécies de discurso não implica uma relação hierárquica é algo provado também pela passagem que vem logo na sequência. Depois de ter afirmado que os discursos sobre a imagem serão afins por analogia com a imagem, Timeu acrescenta que «aquilo que a *ousia* é em relação à geração, a verdade é em relação à fé» (*otiper pros genesin ousia, touto pros pistin aletheia*, 29c). O sentido dessa afirmação se esclarece ao ser colocado em relação com a passagem da *República* (533e), da qual é uma citação parcial. Aí, Platão está construindo uma teoria das formas de conhecimento que culminam na dialética: reservando o nome de ciência para a dialética, desta ele distingue, com o nome *dianoia*, a geometria e as disciplinas afins, e destas a fé ou crença (*pistis*) e a imaginação (*eikasia*). «As duas últimas, tomadas juntas», acrescenta neste ponto, «chamamos de opinião (*doxa*), e as duas primeiras de intelecção (*noesis*). E o que a essência (*ousia*) é em relação à geração, a intelecção (*noesis*) é em relação à opinião (*doxan*), e como a intelecção é em relação à opinião, assim a ciência (*epistemen*) em relação à fé e o pensamento dianoético em relação à imaginação.» Já foi justamente observado[1] que a *pistis* vem assim a ocupar, na esfera da opinião, o mesmo estatuto que compete à episteme na esfera da *noesi*. Se a intelecção por meio da dialética é a única que pode apreender a essência, a exposição de Sócrates não visa tanto a estabelecer uma hierarquia quanto a evitar que as modalidades de conhecimento sejam confundidas e que, como se lê na *República* 534c, se procure apreender com a opinião a ideia do bem que pode ser apenas objeto de ciência.

---

1   Taglia, p. 159; Stocks, p. 79.

II. *Khôra*

No *Timeu* o paralelismo entre as duas formas de conhecimento, a do inteligível e a do sensível, é ainda mais marcado: elas são claramente distintas, mas não hierarquicamente ordenadas. É nesse sentido que deve ser lida a tese segundo a qual aquilo que a *ousia* é em relação à gênese a verdade é em relação à *pistis*. E que, na esfera que lhes é própria, as crenças (*pisteis*) são, a seu modo, «sólidas e verdadeiras» (*bebaioi kai aletheis*), é algo dito sem reservas a propósito da alma do mundo (37b-c): «quando se produz em relação ao sensível [...] nascem então opiniões e crenças sólidas e verdadeiras, quando, pelo contrário, em relação ao racional [...], chegam à perfeição o pensamento e a ciência (*nous episteme te*)». É possível dizer, nessa perspectiva, que a modernidade começa quando, a partir de Descartes, a certeza e a ciência são deslocadas para a esfera exterior do conhecimento do mundo sensível.

A leitura da doutrina platônica da *khôra* foi influenciada nas últimas décadas pelo ensaio homônimo de Derrida publicado em 1987, que é particularmente interessante porque o autor, com um gesto que lhe é familiar, serve-se do termo para fazer não tanto, ou não apenas, uma aguda gênese do *Timeu* quanto uma espécie de lúcida interpretação de seu próprio pensamento. Entre os méritos do ensaio certamente está aquele de ter sublinhado com força a excepcionalidade e a irredutibilidade do conceito, mas a ênfase é aqui levada até o ponto de negar-lhe o próprio caráter conceitual. Os nomes que *khôra* recebe no *Timeu* «não designam uma essência, o ser estável de um *eidos*, dado que *khôra* não é nem da ordem do *eidos*, nem da ordem dos mimemas, das imagens do *eidos* que nela vêm se imprimir — que assim *não é*, não pertence aos dois gêneros de ser conhecidos ou reconhecidos. Ela não é, e esse não-ser só pode se *anunciar*, isto é, igualmente não se deixar tomar ou conceber [...] Ela não é nada além da soma ou do processo daquilo que vem se inscrever *sobre* ela, a seu respeito, diretamente a seu respeito, mas ela não é o *assunto* ou o *suporte presente* de todas essas interpretações, se bem que, todavia, não se reduza a elas [...]. Essa ausência de suporte, que não se pode traduzir em suporte ausente ou em ausência como suporte, provoca e resiste a toda determinação binária ou dialética, a todo exame de *tipo* filosófico, ou, digamos mais exatamente, do tipo *ontológico*».[2] A analogia com a definição (ou sobretudo a descrição) que Derrida dá dos termos fundamentais de seu pensamento como a *différance* ou o rastro é pelo menos evidente: «O que a *différance*, o rastro etc. querem dizer — que, na realidade, *não quer dizer nada* — seria 'primeiro' do conceito, do nome ou da palavra, um 'algo' que não seria nada, que já não pertenceria ao ser, à presença ou à presença do presente, mas nem mesmo à ausência».[3] *Khôra* se torna assim o fundamento negativo que permite articular com insólita clareza os próprios princípios do método desconstrutivo: «Jamais pretenderemos propor a 'palavra justa' (*le mot juste*) para *khôra*, nem chamá-la, enfim, *ela mesma*, para além de todas as voltas e de todos os desvios da retórica, nem, enfim, abordá-la, *ela mesma*, como aquilo que terá sido, fora de qualquer ponto de vista, fora de qualquer perspectiva anacrônica. Seu nome não é uma *palavra justa*. Ele está destinado ao inapagável, mesmo se aquilo que nomeia, *khôra*,

---

[2] Derrida, *Khôra*, trad. Nícia Adan Bonatti. Campinas: Papirus, 1993, pp. 20-6.

[3] Id., «Comment ne pas parler. Dénégations», p. 542.

não se reduz, acima de tudo não se reduz, a seu nome. A trópica e o anacronismo são inevitáveis. E tudo o que gostaríamos de mostrar é a estrutura que, tornando-os assim inevitáveis, faz deles outra coisa que não acidentes, fraquezas ou momentos provisórios. Essa lei estrutural parece não ter sido abordada *como tal* por toda a história das interpretações do *Timeu*».[4]

Que essa «lei estrutural» coincida com o método do autor é o que ele parece discretamente sugerir. Tornado um nome sem referente (*privé de référent réel*),[5] o termo *khôra* pode assim ser isolada da função que desenvolve no diálogo para explicar a gênese do cosmo sensível e transformado na condição de possibilidade de toda prática desconstrutiva. Seria possível dizer que pode haver desconstrução, com sua trópica e seus anacronismos, porque há *khôra*. O não conceito *khôra* situa-se aqui, em relação à tradição da filosofia grega, exatamente como a *différance*, o rastro e o *espacement* na desconstrução. Derrida pode assim escrever que sua «interpretação do interpretável *khôra*» coincide com aquilo que ele mais fielmente tentou pensar da herança grega.[6] Portanto, não é por acaso que o nome *khôra* aparece pela primeira vez justamente no ensaio de 1968 — «La Pharmacie de Platon» —, no qual ele elabora, a partir de uma leitura de Platão, sua teoria do suplemento originário. Como foi notado,[7] a leitura do *Timeu* proposta no ensaio de Derrida aproxima-se nesse sentido da teologia negativa e por certo não ajudou a desmentir a obscuridade que a tradição atribuía ao diálogo.

2. Se, portanto, o *Timeu* não pode mais ser considerado, segundo a fórmula

---

4 Derrida, *Khôra*, op. cit., pp. 17-8.
5 *Ibid.*, p. 23.
6 Derrida, 1992, p. 273.
7 Regazzoni, p. 34.

O irrealizável

maliciosa de Jerônimo, o *obscurissimus Platonis liber*, «que nem mesmo os áureos lábios de Cícero conseguiram tornar legível», muito mais atentamente a interpretação deverá aderir nos mínimos detalhes às sutilezas da exposição e às escolhas terminológicas do texto para tentar compreender todas as suas implicações estratégicas. O primeiro problema com o qual lidar é a firmeza com a qual Platão decide chamar pelo termo, certamente não óbvio, *khôra* a «ideia difícil e incerta» que pretende definir. A questão é ainda mais delicada porque a partir de Aristóteles uma longa tradição exegética constantemente identificou a matéria com a *khôra* (e esta com o lugar, *topos* — *Fís*. 209b 11-16). Se para Plotino a identidade era tão trivial que ele podia inscrever, sem hesitações de nenhum tipo, a análise da *khôra* no interior do tratado *Sobre as duas matérias*, ainda no século XX um dos melhores conhecedores do pensamento grego, Carlo Diano, pôde intitular sua leitura particularmente aguda do *Timeu* de *A doutrina da matéria em Platão*. Quando os comentadores antigos interrogam a escolha terminológica de Platão, eles respondem de forma precipitada que ele usou o vocábulo de modo metafórico (*metaphorikos*) ou por analogia (*kata analogian*), porque o lugar, que no mais Platão deixou indefinido, recebe os corpos justamente como faz a matéria (Simplício, *In Fís*. 540, 22-29, que, por sua vez, não fala de metáforas, mas sublinha a proximidade real entre o lugar e a matéria).

O fato é que os outros nomes com os quais Timeu procura especificar a natureza da *khôra* parecem confirmar a analogia. Esse «terceiro gênero» ou princípio — ao lado do inteligível, «que é sempre e imutável», e do sensível, «que se torna e é visível» — é sobretudo definido «receptáculo» ou «asilo» (49a 6, *hypodoche*, como o verbo *dechomai* do qual deriva, pertence ao vocabulário do acolhimento e da hospitalidade, e Tucídides o usa para o asilo oferecido aos escravos fugitivos), e também «aquilo que recebe todos os corpos» (50b 5, *ta panta dechomenos somata*) ou «todos os gêneros» (50e 5, *to ta panta ekdexomeno em autoi gene*). Por isso é assimilado a uma mãe (50d 2, *proseikasai to men dechomenon metri*), mas, antes, também a uma ama (*tithene*, o termo em 49a 6 é próximo de *hypodoche*: o terceiro gênero dá hospitalidade e alimentação). Ainda mais cogente parece a analogia com a matéria na passagem (50b-c) na qual a *khôra* é, por fim, comparada a um molde (*ekmageion*): «Se alguém moldasse com ouro (*ek chrysou*) todas as figuras e então não parasse de transformar cada uma delas em outras, a quem indicasse uma e perguntasse o que é, de longe o mais seguro a responder seria que é ouro [...]. O mesmo discurso também vale para a natureza que acolhe todos os corpos, que precisa dizer ser sempre a mesma. De fato, não perde nada de sua potência (*dynamis*), pelo contrário, acolhe sempre em si todas as coisas e não assume nenhuma forma parecida a alguma das coisas que entram nela: por natureza está (*keitai*, jaz) [como] um molde para todas as coisas, movido e conformado por aquilo que nele entra e, por isso, parece sempre diversa».

É possível que justamente nessa passagem Aristóteles tenha fundado sua, de outro modo ilegítima, afirmação segundo a qual Platão teria identificado a *khôra* com a matéria, como também sua definição da *hyle* como «aquilo que jaz sob» (*hypokeimenon*); em todo caso, é significativo que os intérpretes modernos continuem a ver na espacialidade da *khôra* algo similar a uma matéria. «O meio espacial (*khôra*)», assim escreve um estudioso afiado do platonismo, «é, ao mesmo tempo, 'aquilo em que aparecem os fenômenos' e 'aquilo de que são constituídos', de modo que a ambiguidade do termo *khôra* é o resultado da relativa indistinção do aspecto constitutivo e de seu aspecto espacial»[8] (que significa repetir quase com as mesmas palavras o juízo de Proclo em seu comentário ao *Timeu*, segundo o qual a matéria é ao mesmo tempo lugar e elemento constitutivo, «aquilo a partir de que e aquilo em que (*ex ou e en oi*)» (*In Pl. Tim.* I, 357, 13-14).

É singular que os críticos não tenham se perguntado se uma analogia tão evidente poderia ter escapado a Platão. Costuma-se repetir que Platão não conhecia o termo *hyle* no sentido de matéria. Ademais, não apenas a única ocorrência de *hyle* no *Timeu* pode ter o significado genérico de «material» (*tekton* não designa apenas o carpinteiro ou o artesão, mas, de modo mais genérico, qualquer artesão que não trabalhe os metais), mas uma simples consulta ao *Lexicon platonicum* de Ast e ao mais recente de Des Places mostra que o significado de matéria é sempre elencado ao lado do de bosque e de madeira (6 vezes em Ast e 3 em Des Places). Se a ocorrência em *Phil.* 54c 2 («os fármacos e todos os instrumentos e toda sorte de matéria — *pasan hylen* — estão ao alcance de todos em vista do produzir») não parece deixar dúvidas a respeito, em *Leis*, 705c 1, Platão parece aproximar intencionalmente o termo *hyle* (no sentido de «madeira ou material de construção») a *khôra* e a *topos*, quase para marcar sua proximidade e, ao mesmo tempo, diferença: «qual material (ou madeira) para a construção das naus (*naupegesimes hyles*) fornece o lugar de nosso território (*o topos emin tes khôras*)?».

---

8 Brisson, pp. 218 ss.

Justamente porque Platão, mesmo sendo verossimilmente consciente da analogia entre os dois termos (ou três, se aí incluímos também *topos*), escolheu de forma resoluta apenas um, a mais elementar cautela filológica deveria aconselhar a se interrogar sobre as razões dessa escolha mais do que se limitar a nela constatar a substancial coincidência semântica. Se Platão, refutando o juízo de Proclo, privilegiou o ser-em (49e 7: «aquilo em que — *en oi* — todas as coisas se geram, se manifestam e então de novo se destroem»; 50d 7: «aquilo em que» (*en hoi*) algo se gera contra «o ser-a partir» (*ek hou*), e ademais distinguiu o ser-em da *khôra* daquele do lugar, apenas uma atenta consideração do uso platônico desses vocábulos permitirá sair de sua presumida identificação na tradição que Aristóteles transmitiu à modernidade.

O hábito de projetar a interpretação aristotélica sobre o próprio texto do diálogo é tão tenaz que não poucas leituras do *Timeu*, tanto antigas quanto modernas, resolvem-se, na realidade, numa minuciosa exegese de *Fís.* 209 11.16 e 33-35, que analisa as duas teses contidas naquelas passagens como se fossem palavras de Platão. Aristóteles aí afirma, por um lado, que «Platão diz no *Timeu* que a *hyle* e a *khôra* são a mesma coisa» e, por outro, que «nos assim chamados ensinamentos não escritos» (*en tois legomenois agraphois dogmasin*) ele chamava a *khôra* de «participante» (*metaleptikon*) e a identificava «com a díade grande-pequeno ou com a matéria». O testemunho é assim aceito acriticamente (o que pode não espantar nos antigos comentadores, mas é ao menos surpreendente nos modernos), de modo que os ensinamentos não escritos são citados como se fossem uma

O irrealizável

obra intitulada *De bono*,[9] e nos perguntamos se o termo *hyle* circulava já na Academia (nos lábios de Espeusipo, se não nos do mestre) ou se se trata de uma invenção aristotélica, sem se dar conta de que a equivalência entre os dois conceitos é assim dada como óbvia. É difícil, nessas condições, não se apropriar da advertência de Cherniss, segundo a qual a partir do momento em que Aristóteles se refere arbitrariamente às doutrinas do *Timeu* (que a *hyle* e a *khôra* são a mesma coisa é algo que não é dito em nenhuma parte no diálogo), seu testemunho sobre as doutrinas não escritas poderia ser da mesma forma não confiável.

Uma vez que as afirmações contidas nos comentários à *Física* de Simplício e de Filopono só repetem as teses de Aristóteles, talvez o único texto que poderia ser considerado com atenção seja o de Hermódoro, um companheiro de Platão (*tou Platonos etairou*) que Simplício cita a partir do livro de Dercílidas sobre a filosofia de Platão. Mas também aqui é preciso distinguir o preâmbulo de Dercílidas, que afirma que Platão teria explicado a *hyle* a partir das coisas que admitem o mais e o menos, das próprias palavras de Hermódoro, que não cita explicitamente o *Timeu*, mas se limita a opor os entes ditos por si (*kath'auta*), que são imóveis e estáveis, àqueles que se dizem em relação a outros (*pros hetera*), que implicam sempre o mais e o menos e a contrariedade. Mesmo a última passagem de Hermódoro, que utiliza termos, como o amorfo e o instável, que podem se referir à *khôra*, afirma, no entanto, com palavras de evidente derivação aristotélica, que ela é «dita não ser segundo a negação do ser».[10]

9 Cf. Happ, *passim*.
10 Simplício, pp. 247-8.

II. *Khôra*

O mesmo pode ser dito da passagem da *Metafísica* de Teofrasto, na qual se lê que Platão e os pitagóricos admitem uma espécie de antítese entre o uno e a díade ilimitada, na qual se encontram «o ilimitado, o desordenado e, por assim dizer, toda ausência de forma (*to apeiron kai to atakton kai pasa os eipein amorphia*)», especificando que sem ela não só «a natureza do todo não seria possível», mas que «ela tem uma dignidade igual, se não superior, ao Uno».[11] Certamente é lícito numa leitura do *Timeu* levar em conta essa passagem, mas apenas com a condição de não confundir a exegese que ela contém com as próprias palavras de Platão.

3. Num estudo bem documentado, Jean-François Pradeau analisou a diferença entre os termos *khôra* e *topos* na língua grega e, em particular, no uso platônico. Em grego, *khôra* significa sobretudo «o espaço que uma coisa ocupa e que ela libera ao se mover», mas também «o território de uma comunidade política, a região que circunda uma cidade e cujas terras são habitadas e cultivadas».[12] É bom não esquecer desse duplo significado — geográfico e político, ao mesmo tempo — caso se queira compreender a função do termo no *Timeu*, onde aparece doze vezes, e sua diferença em relação a *topos* (31 ocorrências).

«*Topos*», observa Pradeau, «designa sempre o lugar em que um corpo se encontra ou é situado. E o lugar é indissociável da constituição do corpo, isto é, também de seu movimento. Mas, quando Platão explica que toda realidade sensível possui por definição um lugar, um posto próprio onde exercita sua função e conserva sua natureza,

---

11 Teofrasto, pp. 21-2.
12 Pradeau, p. 375.

então usa o termo *khôra*. De *topos* a *khôra* se passa assim da explicação e da descrição física ao postulado e à definição da realidade sensível. O uso do termo se torna indispensável quando Platão formula sua teoria do lugar relativo. Este o leva a distinguir, entre todos os lugares, os lugares próprios, conformes à natureza elementar dos corpos considerados, o que tem sentido apenas se se insere na própria definição da coisa sensível e do corpo a necessidade de ser em algum lugar (de possuir um 'posto'). Distingue-se, desse modo, o lugar físico relativo da propriedade ontológica que funda essa localização. Para exprimir essa necessária localização, Platão recorre ao termo *khôra*, que designa justamente o pertencimento de uma extensão limitada e definida (trata-se do território da cidade ou do lugar de uma coisa) a um sujeito. Assim como uma cidade possui um território, também todo corpo tem, por definição, certo posto, que é aquele em que ele exercita sua função segundo sua natureza.»[13]

Particularmente significativo é o fato de o termo *khôra* ser com frequência associado a um verbo que significa «possuir, ter, dominar», e por isso oposto à simples localização pontual, como em 52b 4: «é necessário que aquilo que existe seja em alguma parte (*pou*) e em algum lugar (*en tini topoi*) e possua certa *khôra* (*katechon khoran tiva*, um espaço ou um território próprio)». A diferença entre *topos* e *khôra* é também sublinhada na passagem das *Leis* que já citamos (705c 1) e que Pradeau curiosamente não examina: *ho topos emin tes khoras*, isto é: «a localização geográfica do território ao qual pertencemos». Daí a conclusão ulterior de Pradeau: «Essa especificação é suficiente para explicar o significado do termo *khôra*

---

13 *Ibid.*, p. 396.

no *Timeu* e fornece a chave da distinção que Platão opera entre *topos* e *khôra*, sobretudo sob o aspecto geográfico e político, quando a região-*topos* em que uma coisa (por exemplo, determinada cidade numa região de clima temperado) é situada, é distinta do território-*khôra* possuído por uma cidade particular (*Khôra* designa então a posse e a particularidade, o território próprio dessa cidade). Além disso, no âmbito da física, da descrição do movimento e da localização dos corpos, Platão distingue os diversos lugares em que um corpo pode se encontrar segundo seu movimento, a partir do lugar que um corpo ocupa, e de seu próprio posto».[14]

Resumindo e especificando as considerações de Pradeau sobre a distinção entre os dois conceitos, podemos agora compreendê-las nas oposições paradigmáticas: localização/territorialidade, individuação geográfica/pertencimento político, realidade topográfica/realidade existencial.

4. Talvez o ponto em que Pradeau mais se aproxima de uma definição da *khôra* em sentido filosófico é aquele em que a distingue do *topos* como a «propriedade ontológica que funda a localização» do «lugar físico relativo». É certo, todavia, que não é possível apreender por completo o sentido filosófico da antinomia a não ser enfrentando preliminarmente a interpretação do outro traço por meio do qual Platão, depois de ter distinguido a *khôra*, por assim dizer, *a parte objecti* dos outros dois princípios — o inteligível e o sensível —, tenta defini-la em relação àqueles por meio do modo de sua cognoscibilidade. Depois de ter especificado que o primeiro gênero — o inteligível «imutável, não

---
14 *Ibid.*, p. 393.

gerado e imortal» — é insensível (*anaistheton*) e pode ser conhecido apenas com o pensamento e que o segundo, o sensível, «gerado e sempre em movimento», pode ser percebido *met'aistheseos*, com a sensação, afirma que o terceiro gênero «pode ser tocado com um raciocínio bastardo (*logismoi tini nothoi*) acompanhado da ausência de sensação (*met'anaisthesias*)» (52b 2). Enquanto todos os intérpretes se dedicaram ao «raciocínio bastardo», que assim o é porque não é nem inteligível nem sensível, a segunda expressão — que havia maravilhado Calcídio — geralmente permaneceu não interrogada. Entre os modernos apenas Carlo Diano notou o caráter paradoxal da formulação *met'anaisthesias*, «acompanhada de uma ausência de sensação», e se perguntou, com razão, o porquê de Platão ter escrito «com ausência de sensação» e não apenas «sem sensação, *koris aistheseos*».[15] A tradução de Calcídio *sine sensu*, seguida por quase todos os modernos, leva a equívocos, pois achata o terceiro gênero sobre o primeiro, o que é obviamente impossível.

Assim, estão em questão três modalidades de conhecimento, e a cada uma delas corresponde um gênero particular do ser. As três modalidades de conhecimento formam um sistema: enquanto o objeto do primeiro gênero não é perceptível com os sentidos, é *anaistheton*, não sensível, e o segundo, pelo contrário, percebe-se *met'aistheseos*, com a sensação, a *khôra* contrai os dois modos de conhecimento um no outro e se percebe, por assim dizer, com uma ausência de sensação, por meio de uma anestesia (nas palavras de Diano, «com o sentido dessa ausência»).[16] Isso é possível apenas se a sensação sente

---
15 Diano, p. 272.
16 *Ibid.*, p. 179.

a si própria como faltante de um objeto, isto é, só mediante uma autoafeccção. A sensação não é aqui nem privada de um objeto (como no primeiro gênero não sensível) nem tem um objeto sensível, como no segundo gênero, mas, percebendo a si mesma como faltante de um objeto sensível externo, percebe por assim dizer a própria anestesia. O conhecimento da *khôra* é bastardo porque faz experiência não de uma realidade inteligível nem de um objeto sensível, mas da própria e mesma receptividade, sofre a própria anestesia. Percebendo uma receptividade sem objeto, ela conhece uma pura potência de conhecer, uma pura cognoscibilidade.

Com razão Diano assimila a *khôra* platônica (que chama matéria)[17] ao Ser-aí da fenomenologia, à própria estrutura do *Dasein*. É preciso reler nessa perspectiva as páginas nas quais Heidegger define, em *Ser e tempo*, a espacialidade própria do *Dasein*. O Ser-aí não é no espaço nem o espaço é, como em Kant, uma forma *a priori* de seu sentido interno; o Ser-aí, para o qual se dá em seu ser o ser mesmo, já é sempre espacial, a espacialidade lhe pertence constitutivamente. «O ser no mundo constitutivo do Ser-aí sempre já tem aberto o espaço. O espaço não é no sujeito, nem o sujeito considera o mundo 'como se' fosse num espaço: o 'sujeito', ontologicamente compreendido, isto é, o Ser-aí, é, em sentido originário, espacial. E, porque o Ser-aí é nesse sentido espacial, o espaço se manifesta como *a priori*.»[18] Se o espaço se mostra como constitutivo do mundo, «isso é em consequência da espacialidade essencial do próprio Ser-aí, qual determinação essencial de seu ser no mundo»,[19] que coincide com a própria

---
17 *Ibid.*, p. 178.
18 Heidegger, 1972, p. 110 (ed. bras., p. 165).
19 *Ibid.*, p. 113 (ed. bras., p. 168).

abertura do *Dasein*. Compreende-se nessa perspectiva por que no fim de seu itinerário filosófico Heidegger pôde declarar que a tentativa de reduzir o espaço à temporalidade em *Ser e tempo* tinha que ser abandonada. A insistência, nos últimos escritos, sobre o tema do Aberto e da *Lichtung* é uma retomada coerente da espacialidade originária do Ser-aí.

5. Compreende-se então por que Platão teve o cuidado de distinguir a espacialidade da matéria e do lugar em sentido estrito. O que está em questão na *khôra* não é que as coisas sejam constituídas por uma *hyle*, por certo material para construção, nem que sejam em certo lugar pontual, mas, por assim dizer, que elas «tenham lugar», no sentido de «existir», «acontecer e ser manifesto». Instrutivo, nesse sentido, é o étimo do termo latino *spatium*, de *patere*, ser aberto e extenso. O que é num certo lugar (*en topoi tini*) tem, por isso, uma espacialidade e uma extensão próprias — com a condição de entender a extensão não como a *res extensa* de Descartes, nem como o *hypokeimenon* aristotélico, mas como uma abertura e uma extensão em sentido etimológico — uma tensão para o fora — distinta do corpo que, no entanto, ocupa. A *khôra* é a abertura, o *spatium*, «o espaçamento» ou a cognoscibilidade que compete a algo por existir e ter lugar. Ela não é o ouro de que é feito o objeto, mas seu puro ser-em-ouro, seu colocar-se distinto de seu onde. Nesse sentido, é preciso distinguir o ser-em daquilo em que algo é. O *hypodoke* não é o receptáculo, mas a receptividade, a hospitalidade em que todo corpo necessariamente se abre e vive, mãe e também ama, passiva e ativa ao mesmo tempo.

A proximidade entre *khôra* e matéria se faz, neste ponto, mais plena, e, também, se esclarece sua diferença. A *khôra* não é uma substância nem, como a matéria em Aristóteles, uma quase substância (*Fís.* 192 a: «próxima e de algum modo *ousia*»): é aquilo que permite o dar-se e o modificar-se (no sentido espinosiano) das formas nos corpos sensíveis, seu espaçar-se e dar-se a conhecer. Matéria e *khôra* comunicam-se na receptividade e no ser-em, mas aí se distinguem porque a *khôra* é, por assim dizer, sempre voltada para um fora, enquanto a matéria, em Aristóteles, é aquilo que subjaz e está sob. Mas, caso se entendesse também a matéria como tensão, como um materializar-se e ter lugar, e se introduzisse nela, como Aristóteles procurará fazer por meio do conceito de privação (*steresis*), uma tensão para a forma e a existência, então a distância entre os dois conceitos certamente se reduziria.

6. A teoria da *khôra* nasce com efeito no último Platão para resolver as aporias da relação entre as ideias e os sensíveis, como uma resposta genial às contradições produzidas pelo *khorismos*, pela drástica separação entre o inteligível e o sensível. Um filósofo japonês, Norio Fujisawa, pretendeu mostrar como a linguagem da participação (*methexis, metechein, metalepsis, metalambanein*) para explicar a relação entre as ideias e o sensível aparece apenas nos diálogos a partir do *Simpósio* e desaparece nos últimos diálogos, para dar lugar à linguagem do paradigma, já presente desde o início.[20] A crítica da participação desenvolvida no *Parmênides* (131a-134a) é solidária da crítica da existência separada das ideias e dos sensíveis, e, nos últimos diálogos, o paradigma

---
20 Fujisawa, *passim*.

permite formular a relação entre o inteligível e o sensível prescindindo de toda ideia de participação. Contra a tese, levantada por muitos estudiosos, segundo a qual, a partir do momento em que a linguagem da participação implica a imanência e a do paradigma uma transcendência, e o pensamento de Platão estaria decididamente se deslocando de um modelo imanente a um modelo transcendente, Fujisawa com boa razão mostra que a participação implica, ao contrário, uma transcendência,[21] e que o movimento do pensamento platônico teria, ademais, um sentido inverso. Mesmo que Fujisawa deixe passar o problema, aqui é preciso ao menos recordar que o termo *paradeigma* não significa arquétipo ou modelo, mas sobretudo «exemplo», e que o exemplo (literalmente: aquilo que se mostra ao lado) certamente não é transcendente em relação às coisas que o seguem ou imitam.

O fato é que, no entanto, ao menos no *Timeu* — que aqui nos interessa de modo particular — não se trata tanto, como acredita Fujisawa, de jogar o paradigma contra a participação. Se já no *Parmênides* — 132d — também a ideia de paradigma parece levar a contradições, ambas as linguagens estão presentes no *Timeu* (diz-se que a *khôra* participa do inteligível — *metalambanon* [...] *tou noetou*, 51b), mas se trata de resolver a mesma oposição drástica entre transcendência e imanência por meio da ideia de uma *khôra*, de um «ter lugar» ao mesmo tempo das ideias e dos entes sensíveis.

Enunciando como um novo início o discurso sobre a *khôra*, Timeu diz claramente que este se tornou necessário para a insuficiência da divisão antinômica entre inteligível e sensível: «Essas duas espécies eram

---

21 *Ibid.*, p. 47.

II. *Khôra*   151

suficientes (*ikana*) para aquilo que dizíamos antes: uma, aquela do paradigma, inteligível e sempre idêntica, a segunda, a imitação do paradigma, que se gera e é visível. Disso não havíamos distinguido uma terceira, porque acreditávamos que duas bastariam (*exein ikanos*). Mas agora o discurso parece nos obrigar a tentar tornar clara com as palavras uma espécie difícil e incerta» (48e-49a). É apenas graças a esse terceiro gênero que «percebemos sonhando» que as coisas sensíveis, «sempre levadas embora como fantasmas de outra coisa», podem existir e ter lugar (52c) e que, por outro lado, as ideias podem imprimir sua imagem sobre elas «de modo difícil de dizer e maravilhoso (*dysphraston kai thaumaston*)» (50c).

Nesse sentido, a interpretação derridiana da *khôra* como uma espécie de pré-origem, «antes do mundo, antes da criação, antes do dom e do ser»,[22] pode parecer pertinente, com a condição de especificar que aqui não pode haver um antes, porque a *khôra*, como toda verdadeira origem, resulta apenas da neutralização da oposição entre os outros dois princípios a ela coetâneos («os três princípios em três modos, *tria triche*» existem «antes do céu», 52d). É o que Platão sugere escrevendo que, enquanto duas coisas forem mantidas separadas, «jamais uma poderá se tornar a outra de modo que seja ao mesmo tempo uma só coisa e duas» (51e). Na *khôra*, o inteligível e o sensível são, portanto, uma só coisa e duas.

Para mostrar como duas coisas podem ser «uma só coisa e duas», Platão se serve da imagem da letra *qui*. No final da descrição da criação da alma, Timeu explica que, depois de ter plasmado a forma da alma

---

[22] Derrida, 2003, p. 14.

segundo complicadas relações numéricas, «toda essa estrutura o deus a cortou em duas partes e, cruzando no centro as duas metades uma à outra na forma da letra *qui* (*oion khei*), as dobrou num círculo, unindo as extremidades de cada uma no ponto oposto de sua intersecção» (36b-c). Como desse modo o mesmo e o outro são unidos, e, ao mesmo tempo, separados na estrutura da alma, assim o terceiro gênero une e, ao mesmo tempo, divide o inteligível e o sensível. Na *khôra* que dá um lugar e uma pátria comum aos dois princípios, é preciso perceber, como era inevitável a um ouvido grego, uma referência e uma resposta à sua divisão (*khorismos*). A *khôra* tem, nesse sentido, a estrutura de um quiasma.

7. Aqui é necessário pensar desde o início o particular significado do «ser-em» que define a *khôra*. Numa passagem do livro quarto da *Física*, dedicado ao problema do lugar, Aristóteles reflete justamente sobre a expressão «ser-em», perguntando-se «em que sentido se diz que algo é em outra coisa (*pos allo en alloi legetai*)». Depois de ter evocado a parte e o todo («num primeiro sentido, diz-se como o dedo está na mão e a parte no todo») e a espécie e o gênero («como o homem está no animal»), ele menciona como significado mais geral (*olhos*) a forma e a matéria («como a forma na matéria, *to eidos en tei hyle*»), para depois definir como o significado de todos mais próprio (*panto kyriotaton*) aquele extremamente locativo («como quando se diz 'num vaso' ou, em geral, num lugar, *en topoi*», 210a 14--24). Essa passagem está pouco depois daquela que já citamos várias vezes, na qual Aristóteles afirma que

Platão havia erroneamente identificado a matéria com a *khôra* (209b 11).

Se Aristóteles pretende, segundo todas as evidências, privilegiar o significado locativo do ser-em contra a suposta identificação platônica de espaço e matéria, é justamente o significado do ser-em na estratégia do *Timeu* que se trata de compreender. Se a separação do inteligível e do sensível aqui se mostra insuficiente (como já no *Parmênides* conduzia a consequência inaceitáveis), o terceiro gênero permite compor a antinomia oferecendo a eles um espaço para em-ser juntos.

No ponto em que não percebemos nem o sensível nem o inteligível, mas, graças a «um raciocínio bastardo acompanhado da ausência de sensação (*met'anaistesias*)», seu ter lugar, seu colocar-se e ser um no outro, então o inteligível e o sensível de algum modo coincidem, isto é, acontecem juntos. O que aqui é conhecido não é um objeto, mas uma pura cognoscibilidade. Por isso, Platão pode escrever que a *khôra*, «sorte de espécie invisível e privada de forma (*anaraton eidos ti kai amorphon*)», por receber em si as espécies do sensível, «participa do inteligível da maneira mais impermeável (*aporotata*) e inexpugnável (*dysalototaton*)» (51 a-b).

É o modo dessa participação, porquanto «impermeável e inexpugnável», que é preciso interrogar. Mais uma vez, o que fornece a chave de acesso é a modalidade do conhecimento «com ausência de sensação». A percepção de uma anestesia, o tocar com ausência de sensação é um ato incoativo do pensamento, ou, de modo mais preciso, um limiar — por isso impermeável — no qual se dá a passagem da sensação à inteligência: nesse sentido, já não sensação e ainda não pensamento. De forma análoga, Pierre Duhem, na seção de seu *Système du monde* dedicada à teoria platônica do espaço, mostrou que o «raciocínio bastardo» em questão no *Timeu* não é senão «o raciocínio geométrico, que se funda tanto na *noesis* quanto, por meio da imaginação que a acompanha, na *aisthesis*».[23] As figuras geométricas elementares, que o *Timeu* liga a cada um dos elementos (o *kybikon eidos* à terra etc.), são, com efeito, ao mesmo tempo ideias e sensíveis, e, como sugere Rivaud, é nelas «que acontece a passagem da ordem ideal à ordem sensível e se efetua a participação».[24] Se Platão multiplica as advertências sobre as dificuldades de sua exposição, isso não significa que esteja deslocando a teoria da *khôra* ao inefável, mas que sabe que se dirige a leitores «familiares com o método do saber» e capazes de segui-lo no impermeável caminho ao qual os conduz (52c).

Inteligível e sensível, separados e incomunicantes são duas abstrações necessárias que só a *khôra* permite pensar juntas. A *khôra* oferece um «onde» aos dois primeiros princípios, mas, nela, estes faltam e aquilo que resulta ao final é uma pura cognoscibilidade, uma pura exterioridade. Aqui, é preciso restituir ao paradigma seu significado de exemplo, daquilo que se mostra ao lado (*para-deigma*) e torna cognoscível: o ser-em não é simplesmente uma relação entre o inteligível e o sensível, mas é aquilo que lhes dá cognoscibilidade. O caráter paradigmático, que mantém junto na *khôra* a ideia e a coisa sensível, é uma pura medialidade, por meio da qual o inteligível pode ser tocado com anestesia e o sensível pensado com um raciocínio bastardo. E é essa medialidade, essa pura cognoscibilidade — e não um objeto, seja ele inteligível ou sensível — que está em questão na *khôra*.

23 Duhem, p. 37.
24 Rivaud, p. 72.

II. *Khôra* 155

Em seu denso livro *Sobre o diáfano*, Anca Vasiliu sublinhou com força o caráter de medialidade que define a *khôra*: «Le troisième genre (c'est-à-dire ce en quoi cela devient, *to d'en hoi gignetai*) se trouve en position médiane par rapport aux deux autres genres: ce qui devient (*to men gignomenon*) et ce à la ressemblance de quoi naît ce qui devient (*to d'othen aphomoioumenon phyetai to gignomenon*)».[25] A posição mediana do terceiro gênero corresponde à definição do termo médio de uma proporção, que Timeu evoca a propósito dos elementos: «Que dois elementos estejam juntos de modo belo não é possível sem um terceiro (*tritou koris*): de fato, é preciso que no meio (*en mesoi*) deles se gere uma ligação (*desmon*) que os mantenha juntos» (31b).

Na verdade, uma boa definição do pensamento de Platão, contra a representação corrente que exagera acerca de sua estrutura antinômica, seria aquela que o caracteriza segundo a função essencial que nele desenvolve o conceito de meio (*metaxy*). Como no *Simpósio*, e também no *Timeu*, as antinomias a partir das quais Platão inicia se compõem numa medialidade. A teoria da *khôra* é a euporia na qual Platão dissolve as aporias do *Parmênides*.

É nessa perspectiva que deve ser entendida a ausência de forma com a qual Platão define a *khôra*. Se o que recebe todas as formas tivesse em si alguma forma, não poderia recebê-las, porque mostraria inevitavelmente sua forma ao lado das outras (*ten autou paremphainon opsin*). No entanto, Platão não se

---

25 Vasiliu, pp. 231-2. [«O terceiro gênero (isto é, aquilo em que aquela se torna, *to d'en hoi gignetai*) encontra-se em posição mediana em relação aos dois outros gêneros: aquele que se torna (*to men gignomenon*) e aquele a partir de cuja semelhança nasce o que se torna (*to d'othen aphomoioumenon phyetai to gignomenon*).» (N. T.)]

O irrealizável

limita a qualificar a *khôra* como amorfa (ela é um *eidos anoraton kai amorphon*, 51a), mas indica que ela é «fora de todas as formas» (*panton ektos eidon*, 50e). A mesma expressão singular é reforçada pouco depois: «convém que ela seja por natureza fora de todas as formas» (*panton ektos auto prosekei pephykenai ton eidon*, 51a). *Ektos*, oposto a *entos* (dentro), indica aquilo que está fora, exterior: *ta ektos* são as coisas externas (*oi ektos*, aquelas de fora, isto é, os estrangeiros). A *khôra* não é amorfa como uma matéria crua, mas como uma pura exterioridade, um puro fora: ela é o fora, a exterioridade das formas, seu puro ter lugar. É o que Plotino intui comparando a matéria e a *khôra* a um espelho: «tudo o que se gera nela é apenas um jogo, imagens numa imagem (*eidola em eidoloi*), justamente como num espelho aquilo que está num lugar mostra-se em outro [...] as coisas que entram na matéria e dela saem são fantasmas, imagens numa 'imagem sem forma e por meio de sua ausência de forma parecem produzir nela coisas visíveis' (III, 6, 7)».

8. No semestre de verão de 1944, quando a derrota da Alemanha já parece inevitável, e em 20 de julho Hitler se salva milagrosamente de um atentado organizado por oficiais da *Wehrmacht*, Heidegger dá um curso sobre Heráclito cujo título é: *Lógica. A doutrina de Heráclito sobre o Logos*. O que aí está em questão é a reconstrução da concepção heraclitiana do Logos, por meio da leitura e do comentário de uma série de fragmentos. No fragmento 108, que com frequência é traduzido como «de quantos discursos ouvi, nenhum chega a compreender que o sábio é de todos separado (*oti sophon esti panton kechorismenon*)», ele traduz estas últimas

palavras de maneira realmente nova: «o propriamente a saber está em relação com cada ente a partir de sua (própria) área — *im Bezug auf alles seiende aus seiner (eigenen) Gegend west*».[26] Ele justifica a tradução inédita do termo *kechorismenon* colocando-o em relação com o termo *khôra*: «Não devemos violentar a palavra decisiva *kechorismenon* atribuindo a ela um significado especialmente concebido. Basta que nós liberemos o termo de seu significado habitual, desgastado e superficial, para restituir-lhe a dignidade de uma palavra que um pensador diz para nomear aquilo que é propriamente para saber. *Kechorismenon* deriva de *chorizo*, que habitualmente se traduz por 'separar, isolar, pôr de lado'. Com isso, pensa-se apenas em pôr de lado e separar (*wegstellen*) uma coisa de outra, e não se importa com o que é próprio do pôr de lado e está em sua base, nem se reflete sobre o fato de que a tradução por 'separar' e 'isolar' não evoca mais nada do significado do termo grego [...]. Em *chorizein* há *he khôra, ho choros*, que traduzimos: o ambiente (*die Umgebung*, aquilo que se dá em torno), a região circundante (*die umgebende Umgegend*), que permite e custodia uma permanência. Os termos *khôra, choros* derivam de *chao* (do qual *chãos*), afundar, desabar, descerrar-se, abrir-se; *he khôra* como a região circundante é, portanto, 'a área' (*die Gegend*). Com esse termo entendemos o âmbito aberto e a vastidão (*den offenen Bereich und die Weite*), onde algo pode ter permanência, do qual provém, foge e responde. Num uso impreciso da linguagem, *he khôra* também pode significar o lugar. Mas área e lugar não são a mesma coisa. Para lugar os gregos usam a palavra *topos*».[27]

---
26 Heidegger, 1987, p. 330 (ed. bras., p. 338).

27 *Ibid.*, p. 335 (ed. bras., p. 343).

O irrealizável

Nesse ponto, Heidegger procura, não sem dificuldades, definir o significado de *khôra*-área em relação ao *topos*-lugar. A área não é o lugar, mas «a vastidão circundante, que dá os lugares e as direções, abre-se e vem amavelmente ao encontro (*die umgebende, Orte und Richtungen gewährende, sich* öffnende *und entgegenkommende Weite*)».[28] Porque «circunda a cada vez o lugar e o dá, e só assim permite a determinação e a ocupação dos lugares, é, em certo sentido, a essência de um lugar, sua localidade (*Ortschaft*). Por isso, e só por isso, *khôra* também pode significar lugar no sentido do espaço ocupado (*der eingenommene Platz*), isto é, a área que se reivindica (*in Anspruch genommenen Gegend*) em relação a um posto determinado e numa particular medida e delimitação».[29] E é nos lugares que a força «que conecta e dá forma» (*das Fügende und Prägende*) da área aparece em plena luz, sem todavia jamais se tornar ela mesma objeto. «A não objetividade da área (*das Gegenstandlose der Gegend*) é a marca não de um ser diminuído, mas de um ser mais alto.»[30] A compreensão do verbo *khorizein* a partir da *khôra* — conclui Heidegger — não é portanto «uma exagerada pretensão nem uma violência», uma vez que isso significa: «levar a uma região circundante, a uma área e a partir dessa área deixar ser presente».[31]

A insistência sobre a não arbitrariedade da compreensão de um verbo, que significa «separar», a partir do termo *khôra* exibe uma dificuldade que diz respeito ao articular-se do pensamento do ser numa terminologia decididamente espacial. Isto é, é possível ver naquela que parece apenas a interpretação de um fragmento de Heráclito o sintoma do deslocamento

---

28 *Ibid.*
29 *Ibid.*
30 *Ibid.*, p. 336 (ed. bras., 344).
31 *Ibid.*

da conceitualidade ontológica da esfera temporal à espacial que define o último pensamento de Heidegger.

Num texto, nove anos anterior, quase inteiramente dedicado à compreensão do significado do verbo «ser», a dificuldade de apreender o significado ontológico dos termos espaciais se anuncia numa passagem que contém a primeira aparição do termo *khôra* no pensamento de Heidegger. No capítulo sobre «A gramática e a etimológica do verbo ser», ele escreve: «aquilo em que algo se torna é aquilo que chamamos espaço (*Raum*). Os gregos não têm nenhuma palavra para espaço. Não se trata de um acaso. Eles, com efeito, não experienciam o que ocupa espaço com base na extensão (*extensio*), mas com base no lugar (*topos*) compreendido como *khôra*, que não significa nem lugar nem espaço, mas aquilo que é tomado e ocupado quando aí se encontra. O lugar pertence à própria coisa. O que se torna é colocado nesse espaço local e é tirado dele».[32] Nesse ponto, Heidegger cita a passagem do *Timeu* sobre o caráter necessariamente privado de uma forma própria da *khôra* e a isso logo acrescenta entre parênteses considerações sobre as quais é oportuno refletir: «A referência da passagem do *Timeu* pretende esclarecer não apenas a conexão entre o *paremphainon* e o *on*, do com-aparecer e do ser como estabilidade, mas indicar também, ao mesmo tempo, como a partir da filosofia platônica, na base, isto é, na interpretação do ser como *ideia*, se prepara a transformação da essência recém-compreendida do lugar e da *khôra* no espaço definido por meio da extensão [...]. *Khôra* não poderia talvez querer dizer aquilo que se separa de cada coisa particular, o que se subtrai, o que admite precisamente de tal modo algo e lhe dá posto?».[33]

32 Heidegger, 1952, p. 76 (ed. bras., p. 94).
33 *Ibid.*, p. 77 (ed. bras., p. 94).

O irrealizável

A declinação de um pensamento «recém-compreendido (*kaum gefasst*)» do lugar e da *khôra* em direção à extensão (a alusão é, segundo todas as evidências, à doutrina da *res extensa* que Descartes teria transmitido à modernidade), que é aqui imputada curiosamente ao filósofo que pela primeira vez a teorizou, de novo traz uma dificuldade que o próprio Heidegger deverá voltar a enfrentar de forma incessante. Se é verdade que o último pensamento de Heidegger pode ser definido como a tentativa de deslocar o pensamento do ser do tempo ao espaço, também é verdade que é nessa tentativa que Heidegger parece esbarrar em dificuldades das quais não consegue sair. E é possível, como foi sugerido,[34] que essa dificuldade tenha sua raiz justamente num confronto insuficiente com a *khôra* do *Timeu*.

Em *Sobre a questão do pensamento* Heidegger afirma, sem reservas, que a tentativa no parágrafo 70 de *Ser e tempo* de reconduzir o espaço à temporalidade não pode ser mantida. Com a mesma decisão, nos *Vier Seminäre* [Quatro seminários], lembra que seu pensamento já não interroga o sentido do ser, mas o lugar e a localidade do ser. Todavia, como testemunham as anotações frenéticas sobre o espaço-tempo (*Zeitraum*) na seção «Sobre o espaço-tempo como fundo abissal», das *Contribuições à filosofia*, o conceito de tempo jamais é abandonado. Assim, no diálogo «Para indicar o lugar do abandono», em *Gelassenheit*, o conceito de área é retomado com força, mas, todavia, é definido com um jogo de palavras como um cruzamento de um conceito espacial (*Weite*, a vastidão) e um conceito temporal (*Weile*, a duração). A área, o espaço-tempo, a *Ereignis*

---

34 El-Bizri, p. 75.

são, em última análise, conceitos por meio dos quais ele ainda procura nomear uma figura do ser. Como mostrou Schürmann, o último Heidegger abandona o ser como princípio das remissões histórico-temporais, mas não o ser como puro vir à presença. Não é surpreendente, portanto, que a evocação da *khôra* no curso de 1944 sobre Heráclito se conclua com a identificação da área-*khôra* com o logos: «O logos é por ser *logos pantôn kechorismenon*: ele é, em relação ao todo do essente, a área que tudo circunda, a tudo se abre e a tudo se contrapõe (*und allem sich entgegnende*)».[35] Aqui, Heidegger procura pensar a relação entre a área-logos e o ser e, nesse sentido, procura sair da ontologia em direção de uma khorologia.

9. Chegou o momento de nos interrogarmos mais uma vez sobre as modalidades de existência e de cognoscibilidade da *khôra*, que Timeu, como vimos, define «impenetrável e inexpugnável», de tal modo que podem ser apreendidas apenas com um raciocínio bastardo acompanhado pela ausência de sensação. Na *República* — o diálogo cuja contiguidade com o *Timeu* é evocada discretamente por Sócrates com um «ontem» («aquilo que dizíamos ontem em relação à república», 17b) —, Platão, depois de ter comparado a ideia do bem ao sol, que confere a visibilidade às coisas vistas, serve-se do termo *khôra* numa passagem decisiva do mito da caverna. Aquele que, rompendo as sombras da caverna, saiu até a direção do sol, necessariamente será, num primeiro momento, aturdido pelo esplendor, mas, depois, pouco a pouco habituando-se à luz, «por fim poderá olhar o sol já não em uma imagem na água ou

---
35 Heidegger, 1987, p. 338 (ed. bras., p. 345).

O irrealizável

num outro meio, mas contemplar o sol em si mesmo em sua *khôra* (*en tei autou khôra*)» (516c).

É oportuno refletir sobre a proximidade que desse modo Platão institui entre a *khôra* e a ideia do bem, do qual o sol é o símbolo. Há uma *khôra* do bem e o momento mais alto é aquele em que, por fim, contemplamos a ideia do bem em sua *khôra*, em sua região e em sua cognoscibilidade própria. Pouco antes, numa passagem infinitas vezes comentada (509b 6-9), do bem diz-se que ele confere às coisas conhecidas não só a cognoscibilidade, mas também o ser e a *ousia* e que ele é «além do ser» (*epekeina tes ousias*). O que significa que o bem é além do ser? Como a ideia do bem, também a *khôra* não é uma coisa — um substrato ou uma matéria segundo o equívoco de Aristóteles — mas aquilo que confere às coisas sua cognoscibilidade. O *megiston mathema*, o saber maior não é conhecimento de uma coisa, mas de uma cognoscibilidade. Isso não significa que ele se aprofunde na neblina da mística, mas que, como a *khôra*, é mais uma pura foraneidade ou exterioridade, o ser fora de todas as formas da caverna e do mundo, mas não num outro lugar, mas em seu próprio manifestar-se e ter lugar.

Se o problema último do platonismo pode estar então na pergunta: «Como existem as coisas que são além do ser, como são as coisas que não-existem?»,[36] uma resposta possível é que elas coincidem com a cognoscibilidade das coisas que existem. A *khôra*, mais uma vez, é aquilo que dá essa cognoscibilidade, e ver o sol, a ideia do bem,

---

36 Agamben utiliza uma construção verbal peculiar: *ci-non-sono* em vez de *non ci sono*. Tal como o autor formula, e levando em conta que a partícula *ci* em italiano também é o reflexivo para a primeira pessoa do plural, a tradução também poderia ser: *não-existem-para-nós*. Esse uso, em sentido muito próximo ao aqui utilizado, também está num autor caro a Agamben: Furio Jesi. Cf. Jesi, «A leitura do 'bateau ivre' de Rimbaud», *Outra Travessia*, n. 19, 2015, pp. 61-75. [N. T.]

em sua *khôra* significa contemplá-lo em seu ter lugar «nem no céu nem na terra», mas na topicidade e na cognoscibilidade de todo ente.

É de fato singular que, como observa John Sallis,[37] Derrida sustentasse que não existia nenhuma relação entre a *khôra* da *República* e a *khôra* do *Timeu*. Sallis sugere, pelo contrário, não apenas que uma relação existe, mas que a *khôra* poderia ter a ver também com o além do ser que Derrida evoca várias vezes em seus escritos sobre *Khôra*.

10. «Um, dois, três — onde está, caro Timeu, o quarto de nossos convidados de ontem e hóspedes de hoje?» Confrontados com essa singular abertura do diálogo, que se inicia denunciando uma ausência, estudiosos e comentadores procuraram sobretudo identificar o quarto convidado faltante. Já Dercílidas, segundo o testemunho de Proclo (*In Tim.* 76), identificava o quarto ausente como o próprio Platão. Fraccaroli, em sua edição do diálogo como primeiro volume da coleção *O pensamento grego*, dos Irmãos Bocca (1906), segue, como Rivaud, essa opinião e dá como motivo a análoga ausência de Platão no *Fédon*, em razão de doença («Platão estava, acredito, doente — *esthenei*»). Outros, pelo contrário, a começar por Ritter (*Philologus*, LXII, 1903), pensam que Platão tinha em mente compor uma tetralogia e que o quarto ausente seria, na realidade, o diálogo que se propunha a escrever depois do *Timeu*, do *Crítias* e do *Hermócrates* (também este nunca escrito). É espantoso que um estudioso atento como P. Friedländer levante uma hipótese análoga, uma vez que isso

---
[37] Sallis, pp. 38-9.

O irrealizável

implica tomar como boa a atribuição que Trasilus faz remontar ao próprio Platão acerca da decisão de publicar os diálogos em forma de tetralogia.

Talvez a mais convincente dentre as tentativas de identificar o quarto com um personagem histórico esteja na leitura resolutamente política que Lampert e Planeaux propuseram sobre o diálogo.[38] Segundo os autores, nesses diálogos Platão coloca a cosmologia a serviço da política e propõe, como consequência, um novo cenário teológico-político em substituição ao homérico. Por isso, os convidados são estadistas implicados na história recente da Grécia: Timeu, como representante de Locri, uma cidade que em 426 a.C. uniu-se a Siracusa contra Atenas e na qual, como Sócrates nos informa, «investiu as magistraturas mais importantes» (20a2), Crítias de Atenas («não estranho às questões políticas sobre as quais estamos falando») e Hermócrates de Siracusa — que Tucídides qualifica como «não atrás de ninguém por inteligência», fortemente empenhado como estrategista na vitoriosa guerra contra a invasão ateniense. Nesse contexto político, segundo Lampert e Planeaux, o quarto faltante não pode ser outro senão Alcebíades, isto é, o protagonista da política imperialista de Atenas, tanto no Peloponeso quanto na desventurada expedição contra Siracusa.[39] Como no *Simpósio*, que acontece em 416 a.C., quando se dá a profanação dos mistérios que levará à acusação de impiedade contra Alcebíades, este chega demasiado tarde para ouvir os discursos dos convidados sobre Eros, e também no *Timeu* ele não pode estar presente ao discurso que inaugura um novo e mais justo horizonte cosmológico para

---
38 Lampert, *passim.*
39 *Ibid.*, p. 108.

a cidade que ele deverá, por fim, trair. A *astheneia* que o segura não é uma doença, mas, de acordo com o significado mais próprio do termo, uma fraqueza ou uma enfermidade moral.

Que o *Timeu*, como todo o pensamento de Platão, tem uma dimensão política é algo indubitável; é difícil, todavia, não ver na abertura do diálogo algo que se refere não apenas ao contexto político, mas também, e sobretudo, ao significado substancial das doutrinas filosóficas que aí são expostas. Se Proclo nos informa que já Siriano lia nas palavras de Sócrates um aceno ao sentido esotérico da tétrade e da tríade no pitagorismo, Calcídio, em seu comentário a respeito do sólido geométrico dotado de três dimensões, como «razão da união da alma ao corpo», não deixa de evocar a importância da série dos números 1, 2, 3, 4 para os pitagóricos, porque sua soma dá o número perfeito dez (*quem quidem ecimanum numerum Pythagorici appellant primam quadraturam propterea quod ex primis quattuor numeris confit, uno, duobus, tribus, quattuor*).[40] Por sua vez, em tempos mais próximos de nós, C. G. Jung colocou em relação o incipit do *Timeu* com sua doutrina do Quaternário como fundamental arquétipo psicológico.

Contra a vagueza de leituras como essas, será oportuno seguir de perto o estatuto dos números três e quatro, que não cessam de voltar no diálogo justamente nos pontos em que a espessura filosófica é mais densa e, em particular, na exposição da doutrina da *khôra*. Já evocamos a passagem (31b-32a) na qual Timeu, prefigurando o estatuto da *khôra*, expõe sua teoria do meio proporcional, que podemos agora reler de forma mais atenta: «Dois (elementos) não podem se unir

---
40 *Ibid.*, p. 174.

de modo belo sem um terceiro; de fato, é preciso que se produza entre eles um elo que os mantenha juntos. O mais belo elo é aquele que faz a melhor união entre si mesmo e aquilo a que se liga, e esse elo pode realizar isso do modo mais belo naturalmente pela analogia (*analogia*). Quando, com efeito, de três números ou massas ou potências há um médio (*meson*), o qual seja ao primeiro aquele que o último é ao médio, então, tornando-se o médio primeiro e último e o último e o primeiro ambos médios, todos se tornarão assim necessariamente os mesmos e reciprocamente se tornarão todos um só (*hen panta estai*)». Se, por meio da mediação do terceiro, os primeiros dois termos, justamente como acontecerá na *khôra* para o inteligível e o sensível, tornam-se uma só coisa, disso decorre que esse *hen* será agora, em relação aos primeiros três, um quarto, que todavia não é nomeado como tal.

Pouco depois, a propósito da criação da alma, o mesmo esquema parece se repetir, com a diferença de que um quarto é aqui explicitamente evocado (35a): «Da mistura da essência indivisível e sempre idêntica a si mesma e daquela corpórea divisível ele criou um terceiro gênero de ser (*triton* [...] *ousias eidos*) como médio dos outros dois (*ex amphoin em mesoi*), da natureza de um e de outro, e o colocou no meio entre aquela indivisível e aquela divisível segundo os corpos. E, tendo tomado esses três, os confundiu todos numa só forma (*eis mian panta idean*)».

Mas é na exposição da doutrina da *khôra* que a relação entre os «três em três formas» (*tria triché*, 52d) adquire todo seu significado. Se a *khôra* é o meio que permite ter de algum modo juntos o inteligível e o sensível, é evidente que dessa união resultará um quarto que permanece inominado e é a verdadeira figura do cosmo, uma vez que a antinomia terá sido resolvida. O quarto que está aqui em questão não deve ser compreendido de acordo com uma sucessão temporal, nem simplesmente como o abrir-se de uma localidade. Ele não implica uma cronologia mensurável nem se resolve numa estática cairológica. E é esse quarto que, talvez, no fim do diálogo, quando «o discurso sobre o todo chegou a seu fim (*telos echein*)» e «esse cosmo tomou ao mesmo tempo os viventes mortais e os imortais e chegou à plenitude», Platão evoque na figura de um «deus sensível (*theos aisthetos*) imagem do inteligível, o maior, mais belo e perfeito, um só céu monogênito» (92c). O deus sensível é o inteligível sensível e o sensível inteligível, isto é, algo no meio de sua cognoscibilidade: o sol — a ideia do bem — em sua *khôra*. A verdadeira filosofia, como a verdadeira política, é uma khorologia.

A imagem do deus sensível que conclui o *Timeu* é retomada num dos textos mais estupefacientes da história da filosofia: o fragmento *Mens hyle deus*, de Davi de Dinant: «Vemos que Platão está de acordo com isso quando diz que o mundo é um Deus sensível (*mundum esse Deum sensibilem*). Uma vez que a mente de que falamos, e que dizemos una e impassível, nada mais é que Deus (*Mens enim de qua loquimur et quam unam dicimus esse eamquem impassibilem, nihil aliud est quam Deus*). Se, portanto, o mundo é o próprio Deus, sem que seja perceptível pelos sentidos, como disseram Platão, Zenão, Sócrates e muitos outros, então a matéria do mundo é o próprio Deus, e a forma que acontece à matéria nada mais é que Deus, que torna sensível a si próprio (*Si ergo mundus est ipse Deus preter se ipsum perceptibile*

sensui, ut Plato et Zeno et Socrates et multi alii dixerunt, yle igitur mundi est ipse Deus, forma vero adveniens yle nil aliud quam id, quod facit Deus sensibile se ipsum)».[41]
Davi é nomeado junto de Amalrico de Bena entre os representantes do panteísmo no século XIII. Amalrico interpretava a frase de Paulo segundo a qual «Deus é tudo em todos» como uma espécie de radical desenvolvimento teológico da doutrina platônica da *khôra*. Deus é em cada coisa como o lugar em que cada coisa é. Por isso, ele podia dizer, de acordo com aquilo a que, escandalizados, seus adversários se referem, que Deus é a pedra na pedra e o morcego no morcego. O gesto de Davi é diferente, mas similar em seu resultado último. Se a mente, que é única para todos os animais, compreende a matéria, que, como a *khôra*, é única para todos os corpos, isso é porque mente e matéria se tornam uma só coisa. Há, portanto, uma única substância e essa substância é deus, mas um deus que, como o cosmo do *Timeu*, desse modo se tornou sensível.

A mensagem que o último pensamento de Platão confiou à *khôra*, e que Davi leva à formulação extrema (uma vez que se compreenda o que esse conceito procura pensar, chamá-la de espaço ou matéria é apenas uma questão de nomes), é que não apenas inteligível e sensível, mas também inteligibilidade e intelecção, sensibilidade e sensação são uma só coisa. A *khôra*-matéria é o dar-se a ver e a conhecer, o abrir-se de tudo e de cada coisa: unidade de mente e matéria num deus sensível. Conhecimento e co-nascimento, nascer junto do cognoscível e do cognoscente numa autoafecção. Separá-los como causa e efeito, objeto e sujeito é a errância a que, abandonando o pensamento da *khôra*, foi

---

41 Calcídio, p. 174.

II. *Khôra*

confiada a modernidade para nessa separação fundar sua ciência.

11. Um mosaico no nártex da igreja de São Salvador em Cora, Istambul, representa a Virgem, entre dois anjos adoradores, com a criança no ventre. Um escrito dos dois lados da figura feminina diz: «*He khôra tou achoretou*». A tradução não é óbvia, uma vez que uma versão literal do tipo «território do não territorial» ou ainda «lugar do não localizável» não parece satisfatória. Tratando-se de uma imagem, que nós modernos temos o hábito de colocar no âmbito das artes visuais, uma tradução como «figura do não figurável» ou «manifestação do não manifestável» poderia parecer mais adequada. Na realidade, só se compreende o sentido desse enigmático sintagma caso se veja nele um extremo *Nachleben* teológico da *khôra* platônica, transferido da esfera da filosofia à do culto das imagens e da liturgia. Duas estudiosas da arte bizantina, Nicoletta Isar e Sotiria Kordi registraram esse nexo de modo pontual. «Na história da *khôra* platônica», escreve Isar, «há um caso interessante de apropriação do termo, que não foi adequadamente discutido na perspectiva do diálogo platônico. É a *khôra* bizantina, uma síntese fascinante da teologia e da antropologia cristã, de um lado, e da metafísica e da mística platônica, de outro.»[42] Kordi, analisando a estrutura arquitetônica e as decorações do *parekklesion* da igreja, sugere que «o espaço do *parekklesion* pode ser visto à luz do conceito de *khôra* como tendo o caráter de uma matriz, de um corpo espacial em um meio e sempre no ato de produzir-se, no ato de se tornar significativo. Por extensão, pode-se

[42] Isar, p. 41.

O irrealizável

imaginar o *parekklesion* da *khôra* como uma *khôra* no sentido de Platão».[43]

O nexo com o pensamento platônico é, na realidade, ainda mais estreito e diz respeito à concepção do estatuto das imagens nas disputas teológico-políticas que dividiram por mais de um século os iconoclastas e os iconófilos. No centro dos implacáveis conflitos nos concílios de Hieria, Niceia e Constantinopla, estão o dogma da Encarnação e o das duas naturezas (humana e divina) de Cristo. Em termos platônicos, o problema é: como pode uma imagem sensível (o sensível é definido no *Timeu eikon*) manifestar o não sensível (a natureza divina)? Ou melhor: como é possível experimentar num mesmo lugar o sensível e o não sensível?

É significativo que, nas disputas teológicas, conceitos pertencentes ao vocabulário técnico da pintura sejam como tais transformados em categorias teológicas. Platão, no *Político* (277c), antecipando a contraposição entre desenho e pintura, familiar aos teóricos renascentistas e modernos, havia evocado a diferença entre a linha que traça os contornos de uma figura (*perigraphe*, lit. «circunscrição») e as cores que lhe dão vivacidade («nosso discurso como um animal pintado tem a *perigraphe* traçada desde fora adequadamente, mas não tem a vivacidade — *enargeia* — que se obtém com as tinturas e a mistura das cores»). Esse conceito é retomado pelos iconoclastas para afirmar a infigurabilidade da natureza divina. Uma vez que em Cristo — argumenta Constantino v — a natureza humana e a natureza divina são indivisivelmente unidas numa só pessoa (*prosopon*, que significa também «rosto» e «máscara»), não é possível desenhá-lo, porque ao

---

43 Kordi, p. 277.

II. *Khôra*

171

assim fazer se circunscreveria aquilo que é em si incircunscritível («é claro que quem pintou aquele *prosopon* circunscreveu a natureza divina, que é em si incircunscritível»). Contra essa drástica simplificação, Nicéforo objeta distinguindo, como havia feito Platão, entre desenho (*perigraphe*), que torna presente algo, e pintura (*grafe*), que não tem esse poder: «no desenho, ele é de necessidade presente, na pintura, não é em absoluto presente [...] de fato, um homem é pintado (*graphetai*) na própria imagem, mas não é circunscrito (*ou perigraphetai*, não é desenhado) nela, a não ser no lugar próprio da circunscrição. Esses dois modos de fato são muito distantes, para que um homem seja pintado por meio das cores e mosaicos, se assim é demandado, plasmando-o em muitas cores e formas e com fulgor diverso, mas de algum modo será possível circunscrevê-lo por meio destes, pois se disse que o circunscrever é outra coisa. A pintura-inscrição (*grafe*) torna presente a forma corpórea do inscrito, imprimindo sua figura (*schema*), sua forma (*morphen*) e sua semelhança. A circunscrição, por sua vez, não tendo nada em comum com esses três elementos, delimita o contorno».[44]

A distinção entre os dois elementos essenciais da prática pictórica (o desenho e a cor, ou a circunscrição e a inscrição) é aqui usada para legitimar o culto das imagens. Como, na *khôra* platônica, o inteligível se torna presente imprimindo-se numa imagem e como, na similitude da *República*, o sol, que de outro modo cega, pode ser contemplado «em sua *khôra*» (*en tei autou khôrai*), assim na pintura o divino *achoretos* está presente sem ser circunscrito (desenhado) nela. De modo análogo, a Madona pode ser definida *khôra* de Cristo e o nome

---
44 Nicéforo, p. 357.

O irrealizável

da Igreja (*Ecclesia tou agiou soteros em thei khôrai*) pode significar ao pé da letra: o Salvador visível e presente em sua *khôra*.

Não é surpreendente que o mais antigo testemunho do sintagma (na forma, *khôra tou theou achoretou*, que aparece no início de *ikos* 8) esteja no hino *acathistos* à mãe do Senhor (*akathistos*, não sentado, isto é, que se cantava em pé) da liturgia bizantina. A liturgia é um conjunto de figuras gestuais e de doxologias em que o divino se torna presente: ou seja, é uma *choreografia*.

III. *Steresis*

1. Que a afirmação de Aristóteles, segundo a qual «Platão, no *Timeu*, diz que a *khôra* e a matéria são a mesma coisa» (*Fís.* 209b 11), é tendenciosa não há dúvida. Leiamos com atenção a passagem em questão (209b 11-16): «Por isso, também Platão diz no *Timeu* que a *hyle* e a *khôra* são a mesma coisa. Com efeito, o participante (*to metaleptikon*) e a *khôra* são uma só e mesma coisa. Dizendo de modo diverso, o participante aí e nos assim chamados ensinamentos não escritos, todavia, afirmava que o lugar (*topos*) e a *khôra* são a mesma coisa. Todos dizem que o lugar é algo, mas o que é, ele apenas tentou dizer». É preciso sobretudo explicar o «por isso» (*diò*). Nas linhas imediatamente precedentes Aristóteles fala, de fato, de uma possível, mesmo que segundo ele indevida, identificação entre o *topos* e a matéria: «Enquanto o *topos* parece ser a extensão da grandeza, ele é matéria. Essa é diversa da grandeza, é aquilo que é circundado e definido pelo *eidos*, como por um plano ou por um limite, e tais são a matéria e o indeterminado. Quando com efeito os limites e as afecções são tolhidos de uma esfera, não resta nada exceto a matéria». Platão teria assim incorrido no erro de identificar *topos* e *hyle*, o lugar e a matéria. Para poder dirigir uma acusação como essa a Platão, Aristóteles deve, todavia, atribuir-lhe uma afirmação que não é de forma alguma encontrada no *Timeu*, escrevendo: «Por isso, também Platão etc.». A passagem seguinte deveria de algum modo dar uma prova dessa falsa atribuição: «Com efeito, o participante e a *khôra* são uma só e mesma coisa». Também essa afirmação é inexata: nos lugares

em que Platão define a *khôra*, o termo *metaleptikon*, que Aristóteles parece utilizar como um termo técnico platônico, não aparece. Platão escreve apenas (51b 1) que «a mãe e matriz [...] é um *eidos* invisível e amorfo, que recebe tudo e participa (*metalambanon*) de modo muito aporético e difícil do inteligível». Como vimos, no mais, os estudiosos já mostraram que nos últimos diálogos o vocabulário da participação tende a ser substituído por aquele do paradigma. Nesse ponto, Aristóteles atribui a Platão uma identificação ulterior, aquela entre a *khôra* e o lugar, também essa ausente no *Timeu*. A referência aos ensinamentos não escritos, nos quais seria encontrada uma definição diferente da *khôra*, é retomada presumivelmente pouco depois: aí se sugere que o participante era identificado por Platão seja com o grande e o pequeno seja, «como ele escreveu (*gegraphen*, quase a especificar o precedente *phesin*, «disse») no *Timeu*, com a matéria» (209b 33-210a 1).

A identidade *khôra-topos-hyle* jamais é provada, mas, por assim dizer, sempre pressuposta. Platão errou duas vezes, uma primeira vez porque identificou a *khôra* com a matéria e uma segunda porque a identificou com o lugar; mas, na realidade, com uma perfeita circularidade, é o segundo erro que precede o outro e o produz. De fato, tem início com a sugestão de que Platão teria identificado o lugar com a matéria e para provar isso duas afirmações que Platão não formulou são a ele atribuídas (que *khôra* e *hyle* são a mesma coisa e que *topos* e *khôra* se identificam). Nesse ponto, é possível concluir, matizando assim o diagnóstico de seu duplo erro, que Platão é ainda o único que tentou definir o lugar.

A circularidade e o caráter tendencioso da argumentação são tão evidentes que a tarefa do intérprete não pode se limitar a constatar sua falsidade, mas deve procurar compreender as razões que podem ter induzido o aluno a atribuir ao mestre uma tese que sabia não ter sido ele a proferir como tal. Em todo caso, não é nessa passagem que poderemos compreender o que verdadeiramente estava em questão na transformação da doutrina platônica da *khôra* na doutrina aristotélica da matéria.

2. É no fim do primeiro livro da *Física* que Aristóteles desenvolve sua crítica da doutrina platônica da matéria e, ao mesmo tempo, detalha a diferença que a separa de seu próprio pensamento. Depois de ter afirmado que os mais antigos filósofos (*oi proteron*, aqueles de antes, isto é, Parmênides e sua escola) mantiveram-se distantes «do caminho que conduz à geração e à destruição e, em geral, à mudança» (191b 32), ignorando desse modo a própria natureza, Aristóteles escreve que outros — isto é, os platônicos — procuraram conhecê-la, mas de maneira insuficiente. Eles reconheceram que algo se gera do não ser (*ek me ontos*), mas sustentaram que a matéria é uma tanto segundo o número quanto segundo a potência (*dynamis*). O que Aristóteles entende é especificado imediatamente: a diferença entre nosso pensamento e o seu é que «nós dizemos que a matéria e a privação (*steresis*) são diversas e que a matéria é não-ente (*ouk on*) por acidente, enquanto a privação é não-ente por si mesma (*kath'auten*) e que aquela (a matéria) é próxima e de algum modo substância (*ousia*), esta (a privação), de maneira nenhuma. Eles dizem, pelo contrário, que o não-ente (*me on*) é do mesmo modo o grande e o pequeno, tanto tomados em conjunto quanto cada um dos dois separadamente» (192a 1-9).

A doutrina aristotélica da matéria e sua crítica da *khôra* se tornam compreensíveis apenas ao levar em conta o fato de que é nessa ocasião que Aristóteles elabora um de seus conceitos fundamentais, o de *steresis*, ou oposição privativa, que ele enuncia pouco depois em forma de teorema: «a privação é de algum modo uma forma» (*he steresis eidos pos estin*, 193b 20). Enquanto, de fato, na mera ausência (*apousia*), tem-se a negação de algo, «na privação, pelo contrário, gera-se certa natureza subjacente em relação à qual ela se diz privação» (*Met.* 1004a 15-16). O erro de Platão está em não ter sabido reconhecer que a matéria é dupla, uma vez que contém em si — ao mesmo tempo, inseparável e distinta — também a privação. «Estes — os platônicos — chegaram a compreender que deve haver uma natureza subjacente, mas a colocam como uma. Mas, caso se coloque uma dualidade, definindo-a como o grande e o pequeno, e todavia a conceba como a mesma coisa, então se descuida da outra parte (isto é, a privação). A natureza subjacente é causa ao mesmo tempo para a forma das coisas geradas, como uma mãe. Mas a outra parte da contrariedade (a privação), para quem considera seu pior aspecto, poderia parecer de fato não existir» (192a 10-15). Como a citação da metáfora platônica da *khôra* como mãe sublinha, Platão compreendeu a importância da matéria na geração, mas não se deu conta de que dela constitutivamente faz parte a privação.

É importante nos interrogarmos a respeito da importância estratégica da oposição privativa, que terá uma longa descendência no pensamento moderno (em particular, sem ela a dialética hegeliana não seria pensável). A descoberta de Aristóteles é, de fato, que algo pode estar presente em seu faltar, ou, como ele escreve, que a *steresis* é de algum modo um *eidos*, que conserva a forma daquilo de que é privação. Não é por acaso que no vocabulário filosófico contido no livro Delta da *Metafísica* a definição da *steresis* segue a de «ter»: o faltar daquilo que deveria haver é uma sorte de grau zero do haver. Na *Física*, Aristóteles se serve disso, porém, para articular sua doutrina da gênese. «Toda coisa se gera, com efeito, a partir de uma matéria e de uma forma» (*gignetai pan ek te tou hypokeimenou kai tes morphes*, 190b 20); mas a matéria é uma quanto ao número, mas dupla por implicar a privação: «por um lado, a matéria subjacente e, por outro, o contrário, e chamo oposto o não colhido e o homem subjacente, oposta à falta de figura, de forma e de ordem, e matéria subjacente o bronze, a pedra e o ouro» (190b 16). Por isso, os princípios da gênese são, para Aristóteles, não dois, mas três (191a 1): a forma, a privação e a matéria. E, justamente pela função essencial que dá à privação, ele pode escrever que o modo como os platônicos concebem a tríade originária (inteligível, sensível, *khôra*) é completamente diverso do seu (192a 9).

De fato, a diferença é ainda mais significativa quando ela concerne ao modo de entender o estatuto ontológico dos contrários. Em Platão, aquilo que está em questão é a cognoscibilidade dos dois princípios que, separados, conduzem a insanáveis aporias: oferecendo-lhes um espaço, a *khôra* torna de algum modo o sensível pensável e o inteligível visível. E, se a *khôra*, ainda que não tendo uma forma própria, não contém de algum modo uma contrariedade e uma privação, na tríade aristotélica essencial é, pelo contrário, a dialética entre a forma e seu contrário, a *steresis*, para os quais a matéria serve apenas de substrato passivo para a geração. E, enquanto a dialética platônica tende à eliminação dos pressupostos para atingir uma *arké* an-hipotética, é justamente sobre a pressuposição de um *hypokeimenon*, de um subjacente-sob em que é ínsita uma *steresis*, uma privação compreendida de algum modo como uma forma, que a dialética aristotélica funda sua potência.

Caso se quisesse dar uma definição da diferença essencial entre as duas concepções mediante um único aspecto, seria possível compendiá-la na permanência ou não de um pressuposto em posição de fundamento dialético. Ou seja, seria possível dizer que tanto Platão quanto seu aluno Aristóteles procedem a partir da consciência de um pressuposto, que é o efeito da potência específica do logos, que pre-supõe aquilo de que fala («todas as coisas», escreve Aristóteles, «se dizem sobre a pressuposição de um jacente-sob» [*cath'ypokeimenou*, *Cat.* 2a 19]). Mas, enquanto para Platão, como fica explícito a partir de *Rep.* 511b, trata-se de eliminar esse pressuposto, tratando «os pressupostos não como princípios, mas como pressupostos, isto é, como graus ou impulsos para o não pressuposto (*anypotheton*)», para Aristóteles, ao contrário, o pressuposto deve ser mantido firme como tal, como acontece na *Física* com a matéria e na lógica com a pressuposição da substância primeira («este homem», «Sócrates»). Por um lado, trata-se de sair da potência pressuponente da linguagem, de outro, de fundar sobre esta, ao menos até certo ponto, a força do logos apofântico, que diz algo sobre algo. E é por isso que Aristóteles só pode transformar a *khôra*, que exprime a abertura e a cognoscibilidade dos entes, na *hyle* como «jacente ao fundo primeiro», que todavia contém em seu interior uma privação

O irrealizável

que age como potente princípio dialético da gênese e do movimento.

Os comentadores de Aristóteles, de Simplício a Alexandre de Afrodísia, compreenderam perfeitamente essa característica da *hyle* aristotélica e a tematizaram por meio do conceito de *epitedeiotes*, de uma disposição ou atitude da matéria para receber as formas. Segundo Alexandre, «a natureza própria da matéria consiste em ter uma disposição (*ten epitedeiota echein*), em virtude da qual é capaz de receber as qualidades», e essa atitude é «um meio entre ter algo e a sua privação» (*metaxy ekeinou te kai tes stereseos autou*, Alexandre, *Quaest.* 52-53, 14-15). A matéria é aqui medida da capacidade de ser afetado de um ente e não surpreende que Alexandre, retomando a imagem aristotélica da tábua para escrever, assimile a potência não à tábua, mas ao estrato de cera sensível que a recobre. Em seu comentário à *Física* de Aristóteles, Simplício escreve sobre a privação dizendo que ela é antes da forma e ao mesmo tempo e depois dela (*pro tou eidos kai meta to eidos*), enquanto é certa ausência acompanhada da disposição à forma (*apousia tis meta epitedeiotetos tes pros to eidos*, Simplício 212, 7-8). Por isso, ele acrescenta, Aristóteles criticou com razão Platão, que, mesmo afirmando que na matéria estão presentes os contrários — o grande e o pequeno —, não se deu conta de que ela contém uma privação que se manifesta justamente como «disposição (ou capacidade de receber) aos contrários» (*pros ta antikeimena epitedeioteta*, Simplício 222, 31).

Que na crítica aristotélica da doutrina platônica da matéria o conceito de privação desenvolve uma função essencial, é o que Calcídio compreende perfeitamente em sua paráfrase do texto aristotélico. «De fato, diz Aristóteles: 'Para nós parece que a matéria (*silva*) não pode ser separada da falta (*carentia*, o termo marca o significado particular da *steresis*), no sentido de que a matéria não é algo que existe em si, mas existe por acidente, enquanto a falta é, em sentido próprio e absoluto, um nada; a matéria tem quase uma essência, enquanto a falta não tem nenhuma substância. Mas a outros, que não julgam corretamente — diz —, parece que a matéria e a falta sejam uma só coisa, porque definem a mesma coisa pequena e grande e reduzem a uma só duas coisas que devem ser consideradas separadamente, sustentando que uma única coisa subjaz aos corpos. E, se ainda distinguem o maior e o menor, de modo que resultem dois, entendem na realidade uma só coisa e descuidam da outra, enquanto a falta não contribui à formação, mas, antes, a impede e a ela se opõe. Enquanto a forma é divina e desejável, a falta lhe é contrária, enquanto a matéria deseja a forma e a iluminação e anseia por ela segundo sua natureza própria. Se, pelo contrário, a falta desejasse a forma, desejaria seu contrário, e toda contrariedade leva à destruição: portanto, a falta não poderá desejar a própria destruição'. Isso diz Aristóteles para sustentar sua doutrina sobre os princípios das coisas e sobre a natureza da matéria; entretanto, uma vez que seu discurso é obscuro, é necessário explicá-lo. Ele coloca três princípios originários de todas as coisas (*tres origines universae rei*): forma, matéria e falta (*species, silva, carentia*).»[1]

3. Até agora, insistimos sobre as características mais evidentes que diferenciam

---
[1] Calcídio, pp. 580-2.

a teoria aristotélica da matéria da teoria platônica da *khôra*. Todavia, elas também devem apresentar analogias e semelhanças, sem as quais uma tão tenaz e durável identificação da *khôra* com a *hyle* não teria sido possível. Tanto os comentadores antigos quanto os exegetas modernos observaram que em ambos está em questão um ser-em e, já anotamos, a convergência de *khôra* e matéria no *en hoi*, no «onde»; e, no entanto, é justamente a identificação da matéria com o lugar em que se encontra todo corpo aquilo de que Aristóteles pretende tomar distância. Ainda no momento de definir sua teoria do lugar, ele evoca, a partir de uma citação de Hesíodo sobre o caos originário, a errônea ideia segundo a qual «seria necessário sobretudo colocar a existência de uma *khôra* para os entes, porque se acredita, como fazem muitos, que tudo esteja em algum lugar e num só lugar» (208b 31-32).

Se uma analogia existe, ela por sua vez deve ser procurada — é a hipótese que queremos sugerir — sobretudo no aspecto noético de suas doutrinas, mais do que no ontológico. Há, com efeito, na exposição do *Timeu*, um ponto no qual algo se mostra como uma *steresis*, uma privação que conserva todavia algo daquilo que falta. Trata-se da passagem (52b2), que particularmente já analisamos, na qual Platão descreve a modalidade de conhecimento do terceiro gênero, que «pode ser tocado com um raciocínio bastardo (*logismoi tini nothoi*) acompanhado da ausência de sensação (*met'anaisthesias*)». Vimos como a expressão singular *meth'anaisthesias* não significa simplesmente «sem sensação», mas implica, por assim dizer, a percepção de uma anestesia, a transformação de uma falta de sensação em algo de positivo, isto é, na posse de uma potência ou capacidade de sentir não exercitada em ato. A doutrina aristotélica da matéria é uma doutrina da potência; parte essencial dessa doutrina, como o filósofo não se cansa de repetir contra aqueles que sustentam que a potência existe apenas no ato de seu exercício, é que ela existe de forma própria e sobretudo como impotência (*adynamia*), isto é, como capacidade de não passar ao ato (*dynamis me energein*). «A impotência», ele escreve (*Met.* 1046a 29-32), «é uma privação (*steresis*) contrária à potência (*dynamis*). Toda potência é impotência do mesmo e em relação ao mesmo (de que é potência) (*tou autou kai kata to auto passa dynamis adynamia*).» Nesse sentido, a potência é sobretudo a posse de uma *steresis*, o ter uma falta: «às vezes», lê-se na *Met.* 1019b 5-8, «o potente é tal porque tem algo, às vezes porque lhe falta. Se a privação é de algum modo uma *hexis*, um hábito, o potente é tal ou porque tem certa *hexis* ou porque tem a privação dela». Antes de toda passagem ao ato, a potência é afetada por si mesma, é, por assim dizer, *potentia potentiae*, potência da potência.

A hipótese que propomos é que a concepção aristotélica da *adynamia* é, na realidade, um desenvolvimento da *anaisthesia* que, no *Timeu*, torna possível a percepção da *khôra*. Como o espaço da *khôra* se abre apenas no ponto em que percebemos nossa anestesia, assim a matéria e a potência se dão antes de tudo na forma de uma *adynamia*, de uma capacidade de não passar ao ato, de um puro e informe subjazer a toda forma e todo ato e, sobretudo, a si mesmas: «A matéria segundo a potência (*kata dynamin*) nem gera a si nem se destrói segundo ela mesma [...] se fosse gerada, seria necessário que subjazesse algo (*hypokesthai ti*), do qual e no qual viesse à existência: mas essa é sua natureza, de ser antes de ser gerada (chamo matéria aquilo que primeiramente subjaz — *to próton hypocheimenon* — a cada coisa)» (*Fís.* 192a 26-31).

Nos termos das categorias aristotélicas, a *khôra* e a matéria — de outro modo distantes uma da outra — se comunicam por meio de seu nexo constitutivo com uma potência: no *met'anaisthesias* do *Timeu*, como o dar-se de uma capacidade de sentir sem objeto; na *adynamia*, como posse de uma privação, capacidade de um não passar ao ato. Como é seu costume, Aristóteles, sempre interessado na especificação daquilo que distingue seu pensamento daquele do mestre, prefere não tematizar os motivos que deste acolheu ou retomou.

IV. *Sensorium Dei*

1. Um extraordinário ressurgimento da doutrina platônica da *khôra* está no pensamento de um dos maiores fundadores da ciência moderna, Isaac Newton. Se a ciência sempre contém um elemento de imaginação poética, a tese newtoniana do espaço como *sensorium Dei* é um dos momentos poéticos mais altos na história da ciência ocidental. A tese, enunciada como tal, com algumas variações, nas *Queries* da *Ótica*, a partir da edição latina de 1706, suscitou já nos contemporâneos entusiasmo e desconfiança. A *Query* 23 da edição latina de 1706 soa assim: *Annon spatium universum, sensorium est Entis Incorporei, Viventis et Intelligentis; quod res ipsas cernat et complectatur intimas, totasque penitus et in se praesentes perspiciat; quarum id quidem quod in nobis sentit et cogitat, Imagines tantum in cerebro contuetur.*[1]

Quando as primeiras cópias do livro já haviam sido impressas, embora a identidade entre espaço e sensório fosse temperada com a introdução de um *tamquam*, «como» (*esse Entem Incorporeum, Viventem, Intelligentem, Omnipraesentem, qui in spatio infinito tanquam in sensorio suo res ipsas intime cernat*), a tese suscitou já nos contemporâneos — exceto por algumas adesões entusiasmadas, como a de Addison, que a julgava «o modo mais nobre e exaltante de considerar o espaço» — desconfiança e desconforto. Não se trata, todavia, como com frequência se repetiu, de uma metáfora necessariamente

---

[1] Não é todo o espaço o sensório de um Ser Incorpóreo, vivo e inteligente, no qual ele vê distintamente e compreende de perto as próprias coisas mais internas, e as observa todas completamente estando elas presentes em si dentro dele; a parte que em nós sente e pensa retém dessas coisas apenas a imagem no cérebro. [N. T.]

imprecisa, mas de uma noção filosófica da qual é possível traçar uma genealogia e fornecer uma definição tão clara quanto possível.

A leitura do *De gravitatione et aequipondio fluidorum* [Peso e equilíbrio dos fluidos], uma obra póstuma de Newton datada pelos editores de por volta do fim dos anos 1660, mostra que a conexão necessária entre Deus e o espaço é elaborada no contexto de um questionamento radical da identidade cartesiana entre corpo e extensão. «Sustenta-se», ele escreve, «que Descartes tenha demonstrado que o corpo não difere em nada de sua extensão, uma vez que se dele se retiram a dureza, a cor, o peso, o frio, o calor e as outras qualidades que podem faltar num corpo, resta unicamente sua extensão em comprimento, largura e profundidade, que é a única que pertence a sua essência.»[2] Para Newton, refutar esse argumento significa balançar o próprio «fundamento principal da filosofia cartesiana» e implica que se defina de modo preliminar «o que é a extensão, o que é o corpo e no que consiste sua diferença».[3] E é aí que Newton levanta teses ontológicas que devem ser examinadas com atenção. Seria esperado — escreve ele — que a extensão fosse definida como substância, ou como acidente, ou como nada, mas, «na realidade, ela não é nenhuma dessas coisas, pois tem um modo próprio de existir (*proprium existendi modum*)». Particularmente significativa é a razão que leva a excluir que ela seja substância: «não é substância, porque não subsiste absolutamente por si, mas como um efeito emanativo de Deus e como certa afecção de todo ente (*tamquam Deo effectus emanativus, et omnis entis affectio quaedam*)».[4] De onde vem e o que significa

2   Newton, p. 21 (ed. bras., p. 69).
3   *Ibid.* (ed. bras., p. 70).
4   *Ibid.*

O irrealizável

a singular expressão *Dei effectus emanativus*? Que Newton foi influenciado pelo pensamento de Henry More é notório, mas, nesse caso, a derivação é certa e específica. O axioma 16 de um dos livros mais difundidos de More, *The Immortality of the Soul*, que Newton havia lido e anotado como estudante em Cambridge, diz assim: «Como causa emanativa entendemos uma causa tal que, pelo simples fato de existir e sem que intervenha outra atividade ou causalidade, produz um efeito».[5] O axioma seguinte, 17, assim conclui: «um efeito emanativo coexiste com a substância daquilo que se diz ser sua causa (*An emanative effect is coexistente with the very Substance of that of which is said to be the cause thereof*)».[6]

Reflitamos sobre a especial modalidade ontológica que define a extensão como efeito emanativo; a substância divina, pelo simples fato de existir, faz ser uma extensão, mas essa não é distinta dela como um objeto criado em certo momento, mas coexiste eternamente com ela. O conceito de *affectio*, que Newton introduz logo na sequência, define essa especial modalidade ontológica da extensão: ela não é um atributo ou uma qualidade que se acrescenta desde fora à substância, segundo o modelo de uma ontologia substancialista de tipo aristotélico; antes, segundo o paradigma de uma ontologia modal, é uma afecção ou um modo de ser desde sempre imediatamente consequente à sua existência.

A correspondência entre Clarke e Leibniz nos fornece, nessa perspectiva, esclarecimentos instrutivos. Para Leibniz, que objeta a Newton que caso se afirme que o espaço é um ser real e absoluto então ele deverá ser eterno e infinito, «algo

---
[5] More, 1662, p. 27.
[6] *Ibid.*, p. 28.

que conduziu alguns (os cabalistas) a acreditar que o espaço seja o próprio Deus, ou um de seus atributos, isto é, a imensidão, o que não é adequado a Deus, porque o espaço tem partes»,[7] Clarke, que fala em nome de seu mentor Newton, responde que o espaço não é um ser ou uma coisa, mas sobretudo uma «propriedade ou uma consequência» (*a property or a consequence*), que depende da existência de um ente infinito e eterno e, como tal, não é outro senão Deus ou fora de Deus.[8] Newton não devia, entretanto, estar satisfeito com a definição do espaço como uma «propriedade», porque, escrevendo ao editor da correspondência, pede-lhe para esclarecer na introdução que se, «por uma inevitável imperfeição da linguagem», se serviu dos termos propriedade ou qualidade, não era, porém, no sentido em que esses termos são usados por aqueles que tratam de lógica ou de metafísica; ele pretendia «apenas dizer que o Espaço e a Duração são Modos de existência de todos os seres, e Modos infinitos e consequências da existência da Substância que é real, necessária e substancialmente onipresente e eterna». A referência a uma ontologia modal de tipo espinosiano aí é evidente: a extensão não é uma propriedade ou um atributo da substância divina, mas um dos modos como ela existe, uma afecção ou modificação sua.

Na *Ética* de Espinosa, a relação entre Deus e os modos finitos é expressa pelo ser afetado (I, Def., 5: *per modum intelligo subtantiae affectiones*; I, 28, *Dem.* «aquilo que é finito e determinado não pode ser produzido pela natureza absoluta de um atributo de Deus: deve portanto provir de Deus ou de algum atributo seu, enquanto se considera

---
7 Leibniz; Clarke, p. 14 (ed. bras., p. 177).
8 *Ibid.*, p. 19 (ed. bras., p. 180).

afetado de algum modo [*debuit ergo Deo, vel aliquo eius atributo sequi, qutenus aliquo modo affectum consideratur*]»). A afecção ou a capacidade de ser afetado é um dos conceitos fundamentais da *Ética*, mas sua compreensão de fato não é óbvia.

2. É significativo que, insistindo no conceito de *affectio* (que radicaliza a doutrina aristotélica dos *pathe tou ontos*, das «paixões» que pertencem ao ser como tal) para definir a natureza do espaço, Newton cite a passagem do *Timeu* sobre a *khôra*, na qual Platão diz que aquilo que existe deve ser num lugar e que aquilo que não é nem na terra nem no céu não é nada: «O espaço é afecção de um ente como ente (*entis quatenus ens affectio*). Nada existe nem pode existir que não se refira, de algum modo, ao espaço. Deus é em toda parte, as mentes criadas são em alguns lugares (*alicubi*) e o corpo no espaço que ocupa e aquilo que não é nem em toda parte nem em alguns lugares não existe. Disso decorre que o espaço seja o efeito emanativo do ente que primeiramente existe, uma vez que qualquer ente se coloca o espaço».[9]

Isso não significa — aponta Newton — que o espaço seja o corpo de Deus e «que Deus se estenda como um corpo (*ad instar corporis extendi*) e consista em partes divisíveis».[10] O que está em questão no espaço é sobretudo o modo de sua presença no mundo, uma vez que «todo ente tem um modo próprio de ser presente ao espaço». O espaço é a própria presença de Deus no mundo: «Se não houvesse o espaço, Deus não seria presente em nenhum lugar (*nullibi adfuerit*) e deveria criar num segundo

---
9   Newton, p. 25 (ed. bras., p. 74).
10 *Ibid.*, p. 26 (ed. bras., p. 74).

momento um espaço no qual não era presente ou, algo não menos absurdo, criar a própria ubiquidade. Se, com efeito, podemos imaginar que nada seja no espaço, não podemos todavia pensar que o espaço não seja (*tamen non possumus cogitar non esse spatium*)».[11]

Mais uma vez, esse último argumento, que terá uma longa descendência, é retirado de More. Em seu *Antídoto ao ateísmo*, depois de ter afirmado que, mesmo que não existisse a matéria, a imensidão da essência divina ocuparia, com sua ubiquidade, todo o espaço, que não seria outro, por assim dizer, senão a «replicação» (*Replication*) de sua «indivisível substância», More acrescenta que «nós não podemos, em nossa fantasia, desimaginar» o espaço (*which we cannot disimagine in our Phancy*) e que essa «inevitável imaginação (*unavoidable imagination*) da necessidade de um espaço infinito» é a prova da necessária existência de Deus.[12]

Se não podemos imaginar que o espaço não exista, isso é porque ele não é uma substância autônoma, mas apenas uma afecção ou um efeito emanativo (More falará também de uma *Amplitude* e de uma *Immensity*) da substância divina, o próprio modo de sua presença no mundo. Mas — acrescentará Newton — a existência do espaço não depende da existência do mundo, porque «os espaços não são mais espaços onde o mundo existe do que onde não existe, a menos que tu digas que Deus, enquanto criava o mundo, ao mesmo tempo criava em si mesmo o espaço».[13]

3. É nesse ponto que as analogias com a doutrina platônica da *khôra* aparecem com toda sua força. Para More, que representa a tradição

---
11 *Ibid.*
12 More, 1662, p. 163.
13 Newton, p. 27 (ed. bras., p. 75).

O irrealizável

do platonismo de Oxford e de Cambridge, da qual Newton parece retirar sua conceitualidade filosófica, o objeto da metafísica não é, de acordo com a tradição escolástica, o ente como ente (*ens quatenus ens*), que ele atribui à competência da lógica (*Ens quatenus ens non est Obiectum Metaphysicae, sed Logicae*),[14] mas algo que vai, por assim dizer, além (ou aquém) do ser. Esse algo é a substância incorpórea, cujo primeiro exemplo é, justamente, «a existência de uma extensão imóvel distinta da matéria, que comumente se chama Espaço ou Lugar interno».[15] Esse espaço «não é um ente imaginário (*Imaginarium quiddam*), mas é real, aliás, Divino».[16] Nós, com efeito, «quer a pensemos quer não a pensemos (*sive de ea cogitemus sive non cogitemus*), não podemos não pensar (*non possumus non concipere*) que desde sempre existe e existirá no eterno certa Extensão imóvel que infinitamente permeia todas as coisas, realmente distinta da matéria móvel».[17]

Significativa é, aqui, exatamente como no *Timeu*, a modalidade em que nós conhecemos essa extensão infinita: não podemos deixar de pensá-la, ou melhor, não podemos deixar de imaginá-la. A realidade do espaço não é algo que conhecemos por meio de um livre exercício da faculdade do pensamento ou da imaginação: é, antes, algo que não podemos «desimaginar». Qual estatuto da imaginação (e, em geral, da consciência) corresponde a um poder não imaginar? Aqui, a imaginação e o pensamento — como no raciocínio bastardo da *khôra*, percebida «com uma anestesia» — não percebem um objeto externo, mas o próprio não poder cessar de imaginar, antes ou na ausência de corpos ou de entes por perceber. A imaginação que não pode desimaginar

---

14 More, 1671, p. 5.
15 *Ibid.*, p. 42.
16 *Ibid.*, p. 64.
17 *Ibid.*, p. 6.

imagina o Espaço, imagina uma pura abertura, «uma infinita extensão que circunda por todos os lados uma matéria finita».[18] E esta, como a *khôra*, não é uma coisa, mas um puro efeito emanativo da existência, o puro dar-se do mundo como um Deus sensível, que, como sugerem os Pitagóricos, «diz-se que respira nesse espaço» (*respirare dicatur in hoc Spatio*).[19] A um espaço que é uma pura autoafecção da substância corresponde um «não poder desimaginar» que é uma pura autoafecção da imaginação.

Por meio do conceito de *dynamis*, Aristóteles contribuiu para transformar em faculdade de um sujeito aquelas que eram, na verdade, suas afecções. Mesmo que em Aristóteles não possa haver uma teoria do sujeito em sentido próprio, é significativo que ele tenha evocado o conceito de vontade, estranho ao pensamento clássico, justamente para a passagem ao ato da potência (o pensamento passa ao ato «quando quer», *hopotan bouletai* — *De anima*, 417b 24); desse modo, uma capacidade de ser afetado se torna uma faculdade de que um sujeito pode dispor. A capacidade de ser afetado é algo distinto do ato de um sujeito cognoscente, e, caso a intelecção e a sensibilidade fossem concebidas sobretudo como afecções de um ser e não como faculdades ou potências, toda a teoria do conhecimento deveria ser repensada desde o início.

4. É apenas a partir dessa rigorosa categorização ontológica que é possível compreender a doutrina do espaço como *sensorium Dei*, que aparece na *Ótica*. Mais uma vez, a correspondência

---
18 *Ibid.*, p. 43.
19 *Ibid.*, p. 66.

entre Clarke e Leibniz dá importantes detalhes disso. Para Leibniz, que critica Newton porque afirma «que o espaço é um órgão com o qual Deus percebe as coisas», Clarke responde que o sensório não é para Newton um órgão, mas é a própria presença de Deus às coisas e nas coisas, por meio da qual ele percebe e conhece o mundo.[20] E, quando Leibniz, por sua vez, objeta que «a razão pela qual Deus percebe todas as coisas não é apenas sua presença, mas também sua atividade» e que «Deus conserva as coisas por meio de uma ação que incessantemente produz aquilo que é bom e perfeito nelas, e é obviamente consciente daquilo que está fazendo»,[21] Clarke responde que Deus não percebe as coisas porque, segundo o paradigma escolástico da criação contínua, age sobre elas, mas simplesmente «porque é um ser vivo, inteligente e onipresente».[22] Ainda que Newton tenha sido prudente, para evitar a acusação de panteísmo, ao inserir um *tamquam* a fim de mitigar a radicalidade de sua tese, a identidade entre o espaço e o sensório de Deus não é uma simples metáfora. Deus não percebe as coisas por meio do espaço, como se esse fosse um órgão, mas imediatamente *no* espaço, porque ele é a forma sensível de sua presença, é, ao mesmo tempo, seu sensório. Ou seja, o espaço não é uma realidade externa a Deus, mas é uma afecção da própria sensibilidade de Deus como ser vivo e pensante.

O problema decisivo que aí está em questão é o de pensar a não separação entre Deus e o mundo sem cair numa identidade inerte entre eles. A extensão concebida como uma autoafecção ou um efeito emanativo da substância divina diversa da matéria é aquilo que permite pensar essa

---

20 Leibniz; Clarke, pp. 4-5 (ed. bras., p. 169).
21 *Ibid.*, p. 9 (ed. bras., p. 172).
22 *Ibid.*, p. 12 (ed. bras., p. 176).

não separação. Deus e o mundo são, por assim dizer, coextensivos, e o espaço no qual as coisas e os corpos estão situados é a própria presença de Deus e, ao mesmo tempo, o sensório em que ele os percebe. Essa imanência é o que Leibniz quer excluir reforçando o caráter «supramundano» de Deus: «aqueles que criticam essa ideia», ele escreve a Clarke, agitando o espantalho panteísta, «talvez pretendam dizer que ele é uma *intelligentia mundana*, isto é, a alma do mundo? Espero que não! Mas fariam bem em tomar cuidado para não cair nessa posição».[23]

A intimidade extrema e a quase coincidência entre Deus e o espaço explica por que tanto More quanto Newton sentiam como próxima a doutrina cabalista segundo a qual o verdadeiro nome de Deus é Makom, o lugar, e, por outro lado, Leibniz via justamente nessa proximidade a ambiguidade que insidiava a doutrina newtoniana. Que a concepção de um espaço originário imenso distinto da matéria seja, na verdade, uma representação da essência divina «concorda de modo admirável», escreve More, «com a doutrina dos cabalistas, os quais, segundo Cornelio Agrippa, enumeram dentre os atributos de Deus o lugar».[24] E pouco antes, depois de ter elencado não menos que vinte atributos ou nomes divinos, acrescenta de forma destacada: «sem contar que Deus chama-se Makom para os cabalistas, isto é, o Lugar (*ipsum Divinum Numen apud Cabbalistas appellari Makom, id est locum*)».[25]

A doutrina da luz de Roberto Grosseteste, mestre em Oxford no século XIII, apresenta algumas analogias com a doutrina do espaço

---
23 *Ibid.*, p. 26 (ed. bras., p. 173).
24 More, 1671, p. 74.
25 *Ibid.*, p. 70.

O irrealizável

de More. A tese inaudita que Grosseteste enuncia em seu tratado *Sobre a luz* é a identidade entre a luz e a forma dos corpos: «Afirmo que a primeira forma corpórea, que alguns chamam de corporeidade (*corporeitatem*), é a luz».[26] Aqui, é preciso distinguir entre o que Grosseteste chama de «corporeidade» ou «primeira forma dos corpo» e a matéria. Na narrativa do Gênese, Deus primeiro criou a luz, porque é a luz que, propagando-se por sua natureza em todas as direções numa esfera infinita, confere aos corpos sua forma e suas dimensões no espaço. «Não foi possível, na verdade, que a forma, em si mesma simples e privada de dimensão, conferisse as dimensões em toda parte à matéria, a não ser multiplicando a si mesma e estendendo-se imediatamente por toda parte, arrastando consigo a matéria em seu estender-se, a partir do momento em que a forma como tal não pode ser separada da matéria, nem a matéria da forma.»[27]

Um verdadeiro precursor da tese de More sobre o espaço é Thomas Bradwardine, mestre de teologia em Oxford na primeira metade do século XIV. O corolário, em cinco partes, do capítulo V do livro I de seu tratado *De causa Dei* enuncia de modo peremptório «que Deus, essencial e presencialmente (*essentialiter et presentialiter*) está por toda parte, não apenas no mundo e em todas as suas partes, mas também fora do mundo no lugar ou no vazio imaginário infinito (*in situ seu vacuo imaginario infinito*). Por isso, com verdade pode ser dito imenso e incircunscrito, mesmo sendo dito imenso e incircunscrito também por outras razões [...]. A partir disso, mostra-se evidente que pode haver um vazio de corpos, mas nunca e de modo algum um vazio de Deus. Assim, resulta

---

26 Grossatesta, p. 112.
27 *Ibid.*

manifesto que Deus é por toda parte no mundo». Essa íntima presença ou quase «infusão» de Deus no mundo não depende da criação, mas é coeterna a Deus: «Deus não fez o mundo como o artífice, fora do qual é a arca que fabricou, que, por ser fabricada, está em outro lugar, de modo que, mesmo estando em contato, o artífice reside em outro lugar e é, portanto, extrínseco àquilo que fabrica. Deus, pelo contrário, fabrica sendo infuso no mundo (*Deus autem infusus mundo fabricat*) e fabrica sendo por toda parte e dela não se separa de forma alguma, não lança de fora a massa que fabrica, faz o que faz com a presença de sua majestade e com sua presença governa aquilo que faz. Assim era no mundo, como o mundo foi feito [...] Deus era nele eternamente por si mesmo e pela mesma razão foi por toda parte no vazio ou no espaço imaginário infinito e é ainda por toda parte fora do mundo».[28]

5. Chegou o momento de compreender em todas as suas implicações o que está em jogo na obstinação com a qual More e Newton afirmam a diferença entre extensão e matéria (ou corpo). O alvo polêmico é, para ambos, a peremptória tese cartesiana da identidade entre matéria e extensão (nas palavras de More, a *mutua materiae et extensione reciprocatio*) e o também duríssimo teorema hobbesiano no capítulo 34 do *Leviatã*, segundo o qual, uma vez que «*substance and body signify the same thing* [...] *substance incorporeal are words, wich, when they are joined together, destroy one another*».[29] É por isso que Newton e More, mesmo afirmando a realidade do espaço, preferem falar de uma afecção, de

---

28 Bradwardine, pp. 177 ss.
29 «substância e corpo significam a mesma coisa [...] substância incorpórea são palavras que, ao se juntarem, se destroem mutuamente.» [N. T.]

O irrealizável

um efeito emanativo ou de um modo de existência —
e não de uma substância. Assim, o que é preciso compreender é o que pode significar o sintagma «extensão imaterial». Não se trata, segundo um equívoco fácil no qual às vezes caem também aqueles que o teorizam, de pensar o espaço como uma matéria livre de sua corporeidade, como o vazio deixado por um corpo que se desloca. O que a mente percebe quando, em seu modo especial, pensa a *khôra* platônica ou o espaço newtoniano, não é um objeto nem uma essência, nem simplesmente o lugar onde ele se encontra: é, antes, a pura autoafecção do ente, seu «modo» de existir e de se apresentar, seu «como». Se, como Newton não se cansa de repetir, o espaço é *entis quatenus ens affectio* e *posito quodlibet ente ponitur spatium*, que relação há entre o ente e sua afecção espacial, seu modo de existir e de se especializar? E, de modo mais geral, como pensar a relação — se de relação se pode aqui ainda falar — entre um ente e suas afecções ou entre uma substância e seus modos de ser?

É claro que a relação não acontece aqui entre duas coisas ou entre dois termos separados, mas entre uma coisa e seu aparecer e dar-se a conhecer, entre um ente e sua cognoscibilidade ou aparência. Para distingui-la de uma relação substancial, podemos chamar essa relação entre um ente e seu aparecer «relação fenomenológica». Em questão aqui não é a relação entre dois entes no mundo, entre um sujeito cognoscente e um objeto conhecido, mas entre um ente e o que poderemos chamar, segundo a já lembrada etimologia do termo *spatium* de *patere*, «ser aberto», sua «patência» ou abertura, que o pensamento medieval ainda conhecia com o nome *intentio*. E essa abertura não é, por sua vez, uma substância, mas um puro modo — não um *quid* ou um o que, mas apenas um «como».

O pensamento moderno nasce justamente na época de que estamos nos ocupando com a remoção dessa relação por obra sobretudo de Descartes. Identificando extensão e matéria, ele, como declara explicitamente várias vezes, tolheu o inútil pulular das *intentiones* imateriais da filosofia medieval: mas isso significa, na realidade, que ele expulsou a relação fenomenológica entre o ente e sua aparência, entre uma coisa e sua cognoscibilidade. Entre corpos e pensamento, entre *res extensa* e *cogitatio*, não há necessidade de nenhuma medialidade. O conhecimento se exaure numa relação entre o sujeito cognoscente e o objeto conhecido. Se a tradição platônica pensava não o problema do conhecimento dos entes, mas, sobretudo, o de sua cognoscibilidade, isto é, da relação entre uma coisa e aquilo que a torna cognoscível, agora essa relação está permanentemente nas sombras. Será preciso esperar por Kant para que ela se apresente de novo, ainda que na forma reduzida de uma coisa em si impossível de conhecer que limita o conhecimento das aparências (*Erscheinungen*); mas é só com Heidegger que ela será mais uma vez tematizada — mesmo com todas as dificuldades e contradições implícitas no fato de ter acolhido a estruturação da ontologia aristotélica — na forma da diferença entre ser e ente.

Repropor, como aqui procuramos fazer, o problema da *khôra* e do espaço significa lembrar que entre o inteligível e o sensível e entre o conhecimento e seu objeto há um *tertium*, e que a tarefa que ainda, e sempre, diz respeito ao pensamento é a de contemplar o ente em sua *khôra*, ou, nas palavras de Hölderlin, «no meio de sua aparência», *in dem Mittel (moyen) seiner Erscheinung*[30] — em seu «como».

---

30 Hölderlin, p. 213.

IV. *Sensorium Dei*

Apêndice

Advertência

Publico aqui o texto da aula para o concurso de professor associado de estética que aconteceu em 1987. Como ficará evidente por sua leitura, essa aula antecipa alguns temas essenciais do presente livro.

Aula para concurso de professor associado

O tema desta aula é: Kant, Heidegger e o problema da estética. Por isso, não me limitarei a uma simples reconstrução histórica da relação entre esses dois autores, mas, orientando-me pela perspectiva de uma categoria estética fundamental — a de aparência —, procurarei expor o problema filosófico que parece estar no centro dessa relação. Ou seja, a aposta está em expor, na medida e com as devidas cautelas referentes a uma aula universitária, um problema genuinamente filosófico.

A tese central da monografia kantiana de Heidegger — *Kant e o problema da metafísica*, publicada em 1929, mas cuja redação é contemporânea a *Ser e tempo* — é a reivindicação da autonomia — e, em certo sentido, da prioridade — da imaginação transcendental como «fonte originária» do conhecimento, ao lado das outras duas *Grundquellen*, sensibilidade e intelecto. Para isso, com a violência hermenêutica pela qual tantas vezes foi censurado, Heidegger submete a uma análise fechada uma série de passagens da primeira edição da *Crítica*, que Kant suprimiu ou alterou na segunda edição. De acordo com Heidegger, na edição definitiva, Kant teria recuado diante daquela raiz ignorada de todo conhecimento que se abria na imaginação transcendental. Esta, assim, deixa de ser uma faculdade por si mesma, perde seu caráter surgente para retroceder diante do intelecto, que adquire então a prerrogativa de servir como origem para toda síntese. As três fontes originárias do conhecimento se reduzem assim a duas: sensibilidade e intelecto, receptividade e espontaneidade. O abismo, que a imaginação transcendental havia aberto para a razão, fecha-se, não sem deixar no texto os rastros de sua linha de sutura. «No desenvolvimento radical de sua pesquisa», escreve Heidegger, «Kant conduziu a possibilidade da metafísica diante desse abismo. Viu o desconhecido e teve que retroceder.»

Procurarei, por outro lado, mostrar que na verdade Kant nunca deixou de olhar para esse abismo, que, pelo contrário, ele o enfrentou mais uma vez na *Crítica do juízo* e que, por fim, na obra incompleta de seus últimos anos, voltou a confrontar-se com ele de maneira mais explícita e radical.

Gostaria de começar minha análise do conceito de «aparência», *Schein*. Lembrem-se de que, no fim da *Analítica transcendental*, pouco antes de enunciar a distinção de todos os objetos em fenômenos e númenos, Kant descreve a «terra da verdade» como uma ilha fechada por confins intransponíveis e circundada por todos os lados pelo oceano da aparência. «Essa terra», ele escreve, «é uma ilha fechada pela própria natureza dentro de confins imutáveis. É a terra da verdade, um nome tentador, circundado por um vasto oceano tempestuoso, reino próprio da aparência, onde neblinas espessas e bancos de gelo prontos para se liquefazerem dão, a todo instante, a ilusão de novas terras e, incessantemente enganando com esperanças vãs o navegador errante em busca de novas descobertas, levam-no a aventuras de onde ele nunca sabe se evadir e das quais jamais pode sair.» Pouco depois, a propósito da distinção de fenômenos e númenos, Kant evoca novamente uma «ilusão difícil de evitar» (*eine schwer zu vermeidende Täuschung*), que leva a estender ilegitimamente o uso das categorias do intelecto, que podem se referir apenas aos dados da intuição sensível, para além dos objetos da experiência.

Esse conceito de «aparência» e o correlato, de «ilusão», com frequência voltam na subsequente «nota sobre a anfibologia dos conceitos de reflexão». É, todavia, na *Dialética transcendental*, definida de modo significativo por Kant como uma *Lógica da aparência* (*Logik der Schein*), que o conceito é desenvolvido até as máximas consequências em todo seu caráter paradoxal. Aí, com efeito, a aparência, que Kant chama de transcendental, já não é simplesmente «difícil de evitar», mas de fato «inevitável» (*unvermeidliche*). Kant escreve que a aparência transcendental, à diferença da aparência lógica, não deixa de aparecer mesmo que seu engano tenha sido reconhecido. Enquanto a aparência lógica desaparece tão logo tenha sido identificada, «a aparência transcendental», ele escreve, «não cessa mesmo que alguém já a tenha desvelado e mostrado sua nulidade por meio da crítica transcendental [...] a dialética transcendental será, por isso, recompensada por descobrir a aparência dos juízos transcendentes e, ao mesmo tempo, por prevenir que ela leve ao engano; mas que essa aparência também desapareça e deixe de ser aparência, isso

Apêndice 205

jamais se pode conseguir [...]. Temos aqui, portanto, que lidar com uma ilusão natural e inevitável».

Uma vez que estamos habituados a pensar a aparência como algo que, desvanecendo, deixa aparecer a verdade, encontramo-nos aqui diante do paradoxo de um *Schein* que permanece depois de seu desvelamento, uma aparência, portanto, justamente inextinguível. Desse ponto de vista, a *Crítica* se apresenta como um itinerário que se lança cada vez mais dentro da aparência, até se envolver em formas cada vez mais inextricáveis de *Schein* — e o filósofo, como o «navegador errante», que faz experiência do caráter irreprimível da própria ilusão. Mas em que consiste essa aparência? Como e por que se produz? E por que, mesmo quando reconhecida como tal, não se extingue?

Kant — esse é um dos pontos da *Analítica* e da *Dialética transcendental* ao qual ele volta várias vezes — sugere que o que acontece aqui é que nós trocamos o uso transcendental das categorias por seu uso empírico e, por isso, tomamos o objeto puro do intelecto, o algo em geral = x, como um objeto determinado. Isto é, nós nos servimos de categorias que têm um significado puramente transcendental, mas nenhum uso (de termos, diríamos hoje, que não têm nenhuma denotação, nenhuma *Bedeutung*), como se, pelo contrário, se referissem a um objeto da experiência.

O intelecto refere a um objeto aquilo que não se refere a nada. O único modo legítimo de pensar o númeno é, portanto, pensá-lo como um *Grenzbegriff*, um conceito-limite, no qual nada é pensado, a não ser a pura forma de um conceito em geral. Mesmo esse conceito-limite é inevitável, mas não nos dá nenhum objeto, a não ser um espaço vazio. Então, por que — nos

O irrealizável

perguntamos — nesse espaço vazio se produz uma aparência, por que um conceito inevitável, mas vazio, produz uma aparência tão inevitável? Será que não há nesse vazio algo que nos escapa e do qual a aparência é o rastro?

«Isso acontece», Kant se limita a repetir, «porque o pensamento precede toda possível ordem determinada das representações. Nós pensamos aqui algo em geral e, por outro lado, determinamos isso de forma sensível; exceto que, no entanto, distinguimos o objeto em geral representado *in abstracto* desse modo de intuí-lo; resta-nos então um modo de determiná-lo simplesmente por meio do pensamento, que, todavia, nos parece (*scheint*) somente um modo no qual o objeto existe em si, sem levar em conta a intuição, que é limitada para nossos sentidos.» O que Kant não explica é como essa «forma lógica sem conteúdo» (*blosse logische Form ohne Inhalt*) pode *schein*, aparecer e esplendecer (esse também é um dos significados do verbo alemão). Por que persiste aqui uma intencionalidade, um referir-se a algo, quando não há nenhum objeto ao qual se referir? Como pode haver no intelecto uma receptividade que parece preceder àquela contida na sensibilidade? Se aqui nada é dado ao pensamento, como pode um nada, um espaço vazio, «aparecer»? Não se mostra aqui algo como um rastro daquele estatuto fundamental da imaginação transcendental como fonte originária do conhecimento além da cisão entre intelecto e sensibilidade, receptividade e espontaneidade, que Kant, segundo Heidegger, teria se apressado para recobrir na segunda edição da *Crítica*? Por que os gelos próximos a se liquefazer, que Kant havia evocado no esboço topográfico da terra da verdade, nunca se dissolvem?

Apêndice

Para procurar responder a essas questões, gostaria de me deter numa tabela classificatória das formas do conceito de nada que fecha a *Analítica transcendental*. Essa tabela se apresenta como um daqueles exercícios escolásticos obsoletos, que não parecem oferecer ao pensamento nenhum problema substancial. Talvez seja por isso que Heidegger, em cujo pensamento o conceito de nada ocupa um lugar central, mal se dedica à tabela. Ainda assim, apesar de não parecer, essa tabela contém um problema decisivo. Kant distingue quatro determinações do nada, duas, por assim dizer, positivas, e duas negativas:

NADA

1.
Conceito vazio sem objeto
Ens rationis

2.
Objeto vazio de um conceito
Nihil privativum

3.
Intuição vazia sem objeto
Ens imaginarium

4.
Objeto vazio sem conceito
Nihil negativum

Os números 2 e 4 não são problemáticos: o *nihil privativum* é simplesmente a negação, ou melhor, «o conceito da falta de um objeto, como a sombra, o frio», o *nihil negativum* é o objeto de um conceito que contradiz a si mesmo, como «a figura retilínea de dois lados». Por outro lado, é preciso focar nos números 1 e 3, no *ens rationis* e no *ens imaginarium*, para Kant decididamente mais significativos. O primeiro é um conceito ao qual nenhum objeto corresponde, como são justamente a coisa em si e o númeno. Exemplos do *ens imaginarium*, por sua vez, são o espaço puro e o tempo puro, simples formas da intuição sem substância. Os primeiros, escreve Kant, são *leere Begriffe*, conceitos vazios nos quais nada é propriamente pensado, os segundos são *leere Data su Begriffen*. Esta expressão — «dados vazios para os conceitos» — é tão singular que os tradutores da edição italiana de 1910, Giovanni Gentile e Giuseppe Lombardo Radice, incorreram num erro de tradução, que com obstinação sobrevive em todas as sucessivas edições e revisões. Ou seja, eles traduziram: «vazios dados de conceito». Diante do paradoxo do dar-se de um vazio aos conceitos e ao pensamento — como de forma inequívoca está no texto alemão —, eles retrocederam da mesma forma como, segundo Heidegger, Kant teria retrocedido diante do abismo da imaginação transcendental.

Aqui aparece plenamente o estatuto problemático dessas duas figuras do nada. Como podemos pensar um dar-se vazio, o dar-se de um vazio no *ens imaginarium*? E, quanto ao *ens rationis*, o que pensa um pensamento que pensa nada? Temos aqui, de um lado, uma receptividade, uma intuição que nos apresenta apenas um vazio e, de outro, uma espontaneidade, um pensamento no qual nada é pensado.

A união necessária das duas *Grundquellen*, das duas fontes originárias do conhecimento, receptividade e espontaneidade, que constituía o eixo da *Crítica*, aqui parece se despedaçar. E, nessa fratura, é como se aparecesse, em negativo, a outra fonte do conhecimento, a imaginação transcendental, que havia sido apagada na segunda edição da obra. A interpretação heideggeriana de Kant encontraria assim uma confirmação ulterior: há, antes da sensibilidade e do intelecto, uma receptividade que não apresenta nada, assim como há um pensamento que não pensa nada. E é sobre esse nada que se estende a aparência inextinguível da *Dialética transcendental*.

Gostaria agora de mostrar como Kant na verdade jamais deixou de se interrogar sobre o estatuto paradoxal dessas duas figuras do nada e como, aliás, o pensamento de seus últimos anos é apenas uma obsessiva e quase febril meditação sobre esse problema. Antes de examinar a reemergência desse motivo no *Opus postumum*, gostaria de me debruçar com detalhes sobre a seção da *Crítica do juízo* que leva o título «Analítica do sublime». Escolhi a «Analítica do sublime» porque o problema aí aparece em termos particularmente drásticos, mas creio que toda a terceira *Crítica* permitiria uma leitura nessa direção. Kant define o sublime como uma representação «que determina o ânimo para pensar como uma exibição de ideias a impossibilidade de atingir a natureza» e tem o cuidado de pontuar que, a partir do momento em que as ideias não podem de modo algum ser exibidas, o esforço da representação é aqui necessariamente vão. «Mas esse esforço», acrescenta Kant, «e o sentimento da impotência da imaginação para atingir a ideia [...] nos obrigam a pensar subjetivamente a própria natureza em sua totalidade como exibição de algo suprassensível, sem que essa exibição possa efetivamente ser produzida.»

O irrealizável

Na experiência do sublime — admitido que aqui se possa falar de uma experiência —, a imaginação é, sim, conduzida para além de seus limites, mas nesse impulso «todavia não encontra nada além do sensível ao qual possa se agarrar». Kant insiste várias vezes no fato de que aqui «os sentidos não têm mais nada diante de si». Isto é, a exibição sublime é puramente negativa: *nada* nela é propriamente exibido. Com razão Jean-Luc Nancy, num estudo recente sobre a «Analítica do sublime», pôde escrever que «uma apresentação tem aqui lugar, mas ela não apresenta nada. A apresentação pura, como apresentação da própria apresentação, não apresenta nada». Creio que essas observações necessariamente breves permitem detectar a analogia entre a exibição negativa que está em questão no sublime e o «dar-se de um vazio» do *ens imaginarium*. No entanto, mais uma vez, Kant não explica até o fim como é possível pensar uma exibição puramente negativa.

É no *Opus postumum* que o problema irresoluto na *Crítica* é retomado e levado, se não a uma solução, ao menos à sua formulação mais extrema e consciente. Algumas palavras sobre essa obra incompleta, à qual Kant se refere por vezes como sua obra mais importante e que permaneceu de algum modo a cinderela dentre as grandes obras kantianas, a única cuja bibliografia, embora extensa, todavia não é vasta. Dela temos uma tradução italiana, feita por Vittorio Mathieu nos volumes XXI e XXII da *Academie Ausgabe*, que tem o grande mérito de ter ordenado sistematicamente o prolixo material dos manuscritos. O fato de ter orientado sua exegese sobretudo a partir do problema da passagem da metafísica à física, no entanto, impediu

Apêndice

Mathieu de apreender todas as implicações desse extremo esforço kantiano.

Aí, Kant parte daquelas *leere Data*, do vazio dar-se aos conceitos que está em questão no *ens imaginarium*, isto é, no espaço puro e no tempo puro, e daqueles conceitos aparentemente vazios que são o númeno e os conceitos de força, éter e matéria, que não podem ser experimentados e, todavia, a física de seu tempo supunha que existissem. Ou seja, ele pensa novamente a divisão do conhecimento em duas fontes fundamentais que constituía um dos pressupostos essenciais da *Crítica*. Na primeira, um objeto nos é dado, na segunda, ele é pensado em relação à representação. Eixo cardeal da crítica era que o conhecimento não pode surgir da união dessas duas fontes originárias. Mas agora Kant se pergunta: como é possível, assim, um «vazio dar-se», como se tem no *ens imaginarium*, no espaço puro e no tempo puro? E como é possível um vazio pensar? O que está em questão numa receptividade sem objeto e numa espontaneidade em si vazia? Espaço e tempo puros, númeno, matéria e forças gravitacionais o colocam diante de uma pretensa consistência que já não é eliminável por meio da ideia do *Schein*, da aparência transcendental. Com efeito, essa ideia de fato desaparece no *Opus postumum*, a não ser num ponto, em que ela dá lugar a um conceito novo, que tem, segundo nossa leitura, uma importância central para a interpretação do último Kant: o de «fenômeno do fenômeno (*Erscheinung einer Erscheinung*)», aparência do próprio aparecer.

Com uma repetitividade quase maníaca, Kant volta a colocar em questão o estatuto do espaço puro e do tempo puro, que na *Crítica* parecia definitivamente resolvido. Um exemplo dentre os muitíssimos quase

O irrealizável

idênticos que enchem as páginas dos convolutos VII e XI: «Espaço e tempo não são objetos da intuição. De fato, se o fossem, seriam coisas reais e demandariam, por sua vez, outra intuição para que pudéssemos representá-los como objetos, e assim ao infinito. As intuições não são percepções quando são PURAS, porque para isso requerem forças que determinem o sentido. Como é possível, porém, que intuições puras deem ao próprio tempo princípios à percepção, por exemplo a atração dos corpos celestes? [Espaço e tempo não são objetos da intuição], mas formas subjetivas da própria intuição, por conterem um princípio de proposições sintéticas *a priori* e da possibilidade de uma filosofia transcendental: fenômenos antes de toda percepção (*Erscheinungen vor allen Wahrnehmungen*)». Gostaria de chamar a atenção para esta expressão paradoxal, que nos termos da *Crítica* não teria sentido: «fenômenos antes de toda percepção». Temos aqui uma dimensão fenomênica que precede a toda experiência concreta, quase como se algo como uma fenomenicidade pudesse se dar antes da experiência sensível, antes dos próprios fenômenos. As notas não se cansam de repetir que espaço e tempo não são apenas formas da intuição, mas intuições eles mesmos, ainda que não esteja claro o que neles é intuído, a partir do momento em que, como intuições puras, elas são, por definição, privadas de objeto, ainda que nelas coloquemos algo como uma matéria. Assim, a propósito do espaço vazio, Kant pode escrever: «Do espaço vazio não é possível ter nenhuma experiência, nem inferência alguma acerca de seu objeto. Para ser instruído da experiência de uma matéria, tenho necessidade do influxo de uma matéria sobre meus sentidos. Portanto, a proposição 'há um espaço vazio' jamais pode ser uma proposição de experiência, nem direta nem indireta, mas é apenas raciocinada».

O problema que Kant aí enfrenta é o estatuto daquela fonte originária do conhecimento que é a receptividade, que na *Crítica* não parece ser problemático. Como pode dar-se algo como uma «fonte» e como pensar uma receptividade pura, isto é, uma fenomenicidade antes de todo fenômeno? Se espaço e tempo, como entes imaginários, são um puro nada, um simples e vazio raciocínio, por que eles não permanecem vazios e oferecem, pelo contrário, princípios à percepção, como a matéria e as forças gravitacionais?

Por isso, Kant, no *Opus postumum*, afirma com tanta resolução a existência do éter, isto é, do espaço pleno sensível, uma espécie de matéria anterior a todo corpo sensível, que se coloca como fundamento de toda experiência possível. Para Kant, a existência do éter não é de modo algum um fato de experiência, mas tampouco por isso é simplesmente hipotética. Ela é, de algum modo, uma aparência verdadeiramente inevitável, um *ens rationis* absolutamente necessário, no qual algo não é apenas pensado, mas, sem ser experimentado, todavia *se dá* ao pensamento. Com uma formulação que do ponto de vista da *Crítica* seria simplesmente insensata, Kant escreve que o éter «é espaço tornado sensível, porém dado não aos sentidos, mas ao pensamento».

Algo, portanto, se dá no vazio dar-se do espaço e do tempo puros como *entia imaginaria*, assim como algo se pensa naqueles *entia rationis* que são coisa em si, éter e matéria. De que se trata?

É aqui que Kant encara a ideia de um «fenômeno do fenômeno (*Erscheinung einer Erscheinung*)», que gostaria, na medida do possível, de esclarecer. No espaço

O irrealizável

e no tempo como intuições puras, no éter como espaço puro tornado sensível ou na coisa em si, nós não lidamos com fenômenos, mas com o modo pelo qual o sujeito, no fenômeno, é afetado não pelo objeto, mas por si mesmo, por sua própria receptividade. «O fenômeno do fenômeno», escreve Kant, «é representação do formal com que o sujeito impressiona a si mesmo e é para si mesmo espontaneamente um objeto.» Em outra folha, lê-se que «o fenômeno do fenômeno é um fenômeno do sujeito afetante de si mesmo». Ele repete a mesma coisa para a coisa em si, sobre a qual parece dar uma definição que soa supreendentemente nietzschiana: «A coisa em si não é outro objeto, mas outra relação da representação para o próprio objeto [...] O *ens rationis* = x é a posição de si segundo o princípio de identidade, no qual o sujeito é pensado como afetante de si mesmo e, por isso, pela forma apenas como fenômeno». Como fundamento do dar-se de uma receptividade pura está uma autoafecção. A fonte originária do conhecimento não é um ininterrogável dado *a priori* — e essa é a novidade do *Opus postumum* —, mas tem constitutivamente a forma de uma autoafecção, que coincide com a própria possibilidade do conhecimento.

Talvez agora possamos tentar responder à pergunta que várias vezes colocamos ao longo desta aula a propósito do vazio dar-se do *ens imaginarium* e do vazio pensar do *ens rationis*. O que se dá naquela doação vazia, aquilo que se pensa no vazio pensamento é a própria coisa e uma pura autoafecção. Nela, o sujeito é afetado por si mesmo, sofre a própria receptividade e, desse modo, se «apaixona» no sentido etimológico do termo, sente-se e se dá a si e, ao mesmo tempo, se abre ao mundo. Uma passagem do *Opus postumum* exprime a natureza desse dom original numa formulação, na qual o sentido da doutrina kantiana das duas fontes do conhecimento está completamente transfigurado: «O conhecimento compreende intuição e conceito: que eu sou dado a mim mesmo e sou pensado por mim mesmo como objeto. Existe algo, não sou simplesmente um objeto lógico e um predicado, mas também objeto de percepção, *dabile non solum cogitabile*». Na pura autoafecção, nesse dom de si a si, as duas fontes originárias do conhecimento coincidem sem resíduos. A pura passividade e a pura espontaneidade coincidem na paixão de si. Uma anotação afirma isso para além de qualquer dúvida: «Posição e percepção, espontaneidade e receptividade, relação objetiva e subjetiva são juntas (*zugleich*), porque são idênticas, como fenômenos de como o sujeito é afetado e, portanto, são dados *a priori* no mesmo ato». É essa autoafecção, esse vir à aparência do próprio aparecer, o abismo no qual agora se afundam como em sua origem comum as duas fontes originárias do conhecimento.

Se voltamos agora ao conceito de aparência inextinguível a partir do qual começamos, vemos que aquilo que a primeira *Crítica* apresentava como uma ilusão se torna aqui a autoafecção que, mais originária que espontaneidade e receptividade, coloca-se como fundamento de todo conhecimento. «O fenômeno do fenômeno», está escrito de forma inequívoca em outra anotação, «é a aparência, isto é, a apresentação»[1] (*die Apparenz, das ist der Schein*).

---

[1] Agamben traduz a expressão kantiana da seguinte forma: «è l'apparenza, cioè la parvenza». *Schein*, termo que até aqui Agamben vinha traduzindo por *apparenza*, agora, e pela primeira vez, é traduzido por *parvenza*. Vale apontar que, de acordo com

O irrealizável

A aparência era, portanto, verdadeiramente inextinguível: dela o navegador não pode sair, porque nela está em questão a própria fonte do conhecimento, o puro doar-se a si do sujeito. A topografia da ilha da verdade é de fato mais complicada do que parecia. A interpretação heideggeriana, que procurava na imaginação transcendental uma abertura mais originária, nesse sentido acertava em cheio; mas, diante do abismo dessa fonte, Kant definitivamente não recuou, pelo contrário, nos últimos anos voltou a pensá-lo em todo seu caráter aporético. E creio que apenas esse conceito paradoxal de uma paixão de si originária, na qual nada é doado senão o próprio dar-se, poderia fornecer o lugar próprio de uma estética que quisesse pensar radicalmente Kant junto com Heidegger.

---

o dicionário *Treccani*, «parvenza» significa: «o que se manifesta aos olhos, aparência exterior, aspecto visível» e, no uso mais comum e cotidiano, «vaga aparência, o que parece, similaridade». [N. T.]

Bibliografia

ADORNO, T. W. *Dialettica negativa*. Turim: Einaudi, 1970.

AGAMBEN, G. *Opus Dei*. Turim: Bollati Boringhieri, 2012. [Ed. bras.: *Opus Dei*. Trad. Daniel Arruda Nascimento. São Paulo: Boitempo, 2013.]

———. *L'uso dei corpi*. Vicenza: Neri Pozza, 2014. [Ed. bras.: *O uso dos corpos*, Homo Sacer IV, 2. Trad. Selvino Assmann. São Paulo: Boitempo, 2017.]

———. & BRENET, J.-B. *Intellect d'amour*. Lagrasse: Verdier, 2018.

ALEXANDRE DE AFRODÍSIA. *Alexandri Aphrodisiensis praeter Commentaria Scripta minora*. Ed. I. Bruns. Berlim: Reimer, 1887.

ANSELMO DE CANTERBURY. *Saint Anselme de Canterbury, Fides quaerens intellectum*. Ed. A. Koiré. Paris: Vrin, 1982.

BARDOUT, J.-C. «Note sur les significations cartésiennes de la réalité». *Quaestio*, vol. 17, 2017, pp. 177-97.

BAUMGARTEN, A. G. *Metaphysica*. Halle, 1739.

BENJAMIN, W. *Gesammelte Schriften*, b. II, 1. Frankfurt am Main: Suhrkamp, 1977. [Ed. bras. do artigo mencionado: «Fragmento teológico-político». In: *O anjo da história*. Org. e trad. João Barrento. Belo Horizonte: Autêntica, 2013.]

BENVENISTE, É. «Categorie di pensiero e categorie di lingua». In: *Problemi di linguistica generale*, vol. I. Milão: Il Saggiatore, 1971, pp. 79-91. [Ed. bras.: *Problemas de linguística geral I*. Trad. Maria da Gloria Novak e Maria Luiza Neri. São Paulo: Ed. Unicamp, 1991.]

BERGSON, H. *Le Possible et le Réel*. Ed. crítica de A. Bouaniche e F. Worms. Paris: PUF, 2011 (Ed. italiana: *Il possibile e il reale*. Milão: AlboVersorio, 2014). [Ed. bras.: «O possível e o real». In: *O pensamento e o movente. Ensaios e conferências*. Trad. Bento Prado Neto. São Paulo: Martins Fontes, 2006.]

BERNARDO SILVESTRE. «Cosmografia» e «Commento a Marziano Capella». In: Teodorico di Chartres, Guglielmo di Conches, Bernardo Silvestre. *Il divino e il megacosmo. Testi filosofici e scientifici della scuola di Chartres*. Ed. E. Maccagnolo. Milão: Rusconi, 1980.

BOEHM, R. *Das Grundlegende und das Wesentliche*. Haia: M. Njjhoff, 1965.

BOULNOIS, O. «L'Invention de la réalité». *Quaestio*, vol. 17, 2017, pp. 133-54.

BRADWARDINE, T. *De causa Dei contra Pelagium* [...] *libri tres*, Londini, 1618; cf. A. Koiré. *Études d'histoire de la pensée philosophique*. Paris: Gallimard, 1971, pp. 82-4.

BRISSON, L. *Le Même et l'autre dans la structure ontologique du «Timée» de Platon*. Paris: Klincksieck, 1974.

CALCÍDIO. *Commentario al «Timeo» di Platone*. Ed. C. Moreschini. Milão: Bompiani, 2003.

COURTINE, J.-F. *Suarez et le système de la métaphysique*. Paris: PUF, 1990.

D'ALVERNY, M.-T. «L'Introduction d'Avicenna en Occident». *La Revue du Caire*, Millenaire d'Avicenna, pp. 130-9.

DAVI DE DINANT, *I testi di David di Dinant. Filosofia della natura e metafisica a confronto col pensiero antico*. Ed. E. Casadei. Spoleto:

Centro italiano di studi sull'Alto Medioevo, 2008 (primeira edição in M. Kurdzialek, *Davidis de Dinanto quaternulorum fragmenta*. Varsóvia, 1963).

DE CUSA, N. *Trialogus De possest*. Paris: Vrin, 2006.

DE RIJK, L. M. *Logica modernorum*, II. Assen, 1967.

DERRIDA, J. «*Khôra*». In: *Poikilia. Études offertes à Jean-Pierre Vernant*. Paris: EHESS, 1987.

_____. «Comment ne pas parler. Dénégations». In: *Psyché. Inventions de l'autre*. Paris: Galilée, 1987 .

_____. «Nous autres Grecs». In: B. Cassin (org.), *Nos Grecs et leurs modernes*. Paris: Seuil, 1992.

_____. *Voyous. Deux essais sur la raison*. Paris: Galilée, 2003.

DESCARTES, R. «Responsiones». In: *Œuvres de Descartes*. Ed. C. Adam e P. Tannery, vol. VII. Paris: Cerf, 1904 (Ed. italiana: Cartesio, *Opere*. Bari: Laterza, 1967) = AT.

_____. *Meditations*. In: *Œuvres de Descartes*. Ed. C. Adam e P. Tannery, vol. VII. Paris: Cerf, 1904.

DIANO, C. *Studi e saggi di filosofia antica*. Pádua: Antenore, 1973.

DUHEM, P. *Système du monde. Histoire des doctrines cosmologiques de Platon à Copernic*, vol. I. Paris: Hermann, 1913.

EL-BIZRI, Nader. «On Kai XΩpa: Situating Heidegger between the Sophist and the Timaeus». *Studia Phaenomenologica*, vol. 4, n. 1, jan. 2002.

ESPOSITO, C. «L'impossibilità come trascendentale. Per una storia del concetto di impossibile da Suárez a Heidegger». *Archivio di filosofia*, LXXVIII, n. 1. Pisa/ Roma: F. Serra, 2010.

FOUCAULT, M. *Le Gouvernement de soi et des autres*. Paris: Seuil/ Gallimard, 2008.

FRANCESCO DI MEYRONNES. *Tractatus de formalitatibus*. Veneza, 1520, p. 264. In: C. Gaus. *Etiam realis Scientia*. Leiden/ Boston: Brill, 2008, p. 70.

FRANCESCO DELLA MARCA. *Quaestiones in Metaphysicam*, I, q. 1. In: A. Zimmermann (org.). *Ontologie oder Metaphysik. Die Diskussion über den Gegenstand der Metaphysik im 13 und 14 Jahrhundert*. Leuven: Peeters, 1998, p. 66.

FRIEDLÄNDER, P. *Platon. Eidos. Paidea. Dialogos*. Berlim: de Gruyter, 1954 (Ed. italiana: *Platone. Eidos. Paideia. Dialogos*. Florença: La Nuova Italia, 1979).

FUJISAWA, Norio. «Echein, Metechein and Idioms of Paradeigmatism in Plato's Theory of Forms». *Phronesis*, vol. 19, 1974, pp. 30-57.

GAUNILONE. *Gaunilonis liber pro insipiente*. In: Anselmo di Canterbury. *Fides quaerens intellectum*. Ed. A. Koiré. Paris: Vrin, 1982.

GAUVIN, J. «Les Dérivés de 'Res' dans la Phénoménologie de l'esprit». In: *Res. III Colloquio Internazionale del Lessico Intellettuale Europeo* (Roma, 7-9 jan. 1980). Anais editados por M. Fattori e M. Bianchi. Roma: Ateneo, 1982.

GILSON, É. *L'Être et l'essence*. Paris: Vrin, 2000.

GRAHAM, A. C. «Being in Linguistics and Philosophy. A Preliminary Inquiry». *Foundations of Language*, vol. 1, 1965.

GROSSATESTA, R. *Metafisica della luce*. Ed. P. Rossi. Milão: Rusconi, 1986.

HAMESSE, J. «Res chez les Auteurs philosophiques des XII et XIII siècles ou le passage de la neutralité à la specificité». In: *Res. III Colloquio Internazionale del Lessico Intellettuale Europeo* (Roma, 7-9 jan. 1980). Anais editados por

M. Fattori e M. Bianchi. Roma: Ateneo, 1982.

HAPP, H. *Hyle. Studien zum aristotelischen Materie-Begriff.* Berlim/Nova York: De Gruyter, 1971.

HEGEL, G. W. F. *Lezioni sulla storia della filosofia.* Florença: La Nuova Italia, 1932.

HEIDEGGER, M. *Einführung in die Metaphysik.* Tubinga: Max Niemeyer, 1952 (Ed. italiana: *Introduzione alla metafisica.* Milão: Mursia, 1991). [Ed. bras.: *Introdução à metafísica.* Trad. Emanuel Carneiro Leão. Rio de Janeiro: Tempo Brasileiro, 1999.]

_____. *Vorträge und Aufsätze.* Pfullingen: Neske, 1954 (Ed. italiana: *Saggi e discorsi.* Milão: Mursia, 1976). [Ed. bras.: *Ensaios e conferências.* Trad e org. Emmanuel Carneiro Leão, Gilvan Fogel e Marcia Sá Cavalcante Schuback. Bragança Paulista/ Petrópolis: São Francisco/ Vozes, 2012.]

_____. *Sein und Zeit.* Tubinga: Niemeyer, 1972. [Ed. bras.: *Ser e tempo.* Trad. Marcia Sá Cavalcante Schuback. São Paulo/ Petrópolis: São Francisco/ Vozes, 2006.]

_____. *Heraklit*, GA, b.55. Frankfurt am Main: Klostermann, 1987. [Ed. bras.: *Heráclito.* Trad. Márcia Sá Cavalcante Schuback. Rio de Janeiro: Relume Dumará, 2002.]

HÖLDERLIN, F. «Anmerkung zum Oedipus». In: *Hölderlin Sämtliche Werke.* Ed. F. Beissner, vol. V. Stuttgart: Kohlhammer, 1954.

ISAR, N. «Khôra, Tracing the Presence». *Review of European Studies*, vol. 1, n. 1, jun. 2009.

JOLIVET, J. «Aux Origines de l'ontologie d'Ibn Sina». In: *Philosophie médiévale arabe et latine.* Paris: Vrin, 1995, pp. 221-36 (ed. original em J. Jolivet e R. Rashed [orgs.], *Études sur Avicenne.* Paris: Les Belles Lettres, 1984, pp. 11-28).

KANT, I. *Werke in sechs Bänden.* Ed. W. Weischedel, vols. I-VI. Wiesbaden: Insel, 1960.

_____. «Kritik der reinen Vernunft». In: *Werke in sechs Bänden.* Ed. W. Weischedel, vol. II. Wiesbaden: Insel, 1960 (Ed. italiana: *Critica della ragion pura.* Bari: Laterza, 1966). [Ed. port.: *Crítica da razão pura.* Trad. Manuela Pinto dos Santos. Lisboa: Fundação Calouste Gulbenkian, 2001.]

_____. «Der einzig mögliche Beweisgrund zu einer Demonstration des Daseins Gottes». In: *Werke in sechs Bänden.* Ed. W. Weischedel., vol. I. Wiesbaden: Insel, 1960.

_____. *Opus postumum.* Ed. V. Mathieu. Bolonha: Zanichelli, 1963.

KORDI, S. *The Khôra parekklesion as a Space of Becoming.* Tese de doutorado, Universidade de Leeds, fev. 2014.

LAMPERT, L. & PLANEAUX, C. «Who is Who in Plato's Timaeus and Critias and Why». *The Review of Metaphysics*, n. 205, set. 1998, pp. 87-125.

LEIBNIZ, G. W. *Die philosophischen Schriften von Gottfried Wilhelm Leibniz.* Ed. C. I. Gerhardt, vols. I-VII. Berlim: Weidmannsche Buchhandlung, 1878-90.

_____. «De ratione cur haec existant potius quam alia». In: *Sämtliche Schriften und Briefe*, VI, Philosophische Schriften. Ed. H. Schepers. Berlim: Akademie Verlag, 1999.

LEIBNIZ, G. W. & CLARKE, S. *Correspondence.* Ed. R. Ariew. Indianapolis/ Cambridge: Hackett, 2000. [Ed. bras.: Leibniz, G. W. «Correspondência com

Clarke». In: Newton, I. & Leibniz, G. W. *Os pensadores*. Trad. Carlos Lopes de Mattos et al. São Paulo: Abril Cultural, 1983.]

LIZZINI, O. «Wugud-Mawgud/Existence-Existent in Avicenna. A Key Ontological Notion in Arabic Philosophy». *Quaestio. The Yearbook of the history of Metaphysics*, n. 3, 2003, pp. 111-38.

LOVEJOY, A. O. *La grande catena dell'essere*. Milão: Feltrinelli, 1991.

MAJORANA, E. «Il valore delle leggi statistiche nella Fisica e nelle Scienze sociali», republicado em G. Agamben. *Che cos'è reale?* Vicenza: Neri Pozza, 2016.

MARX, K. «Differenz der Demokritischen und Epikureischen Naturphilosophie». In: *Marx-Engels Werke*, vol. 40. Berlim, 1968 (Ed. italiana: *Marx-Engels. Opere complete*, vol. I. Roma: Editori Riuniti, 1980). [Ed. bras.: *Diferença entre a filosofia da natureza de Demócrito e a de Epicuro*. Trad. Nélio Schneider. São Paulo: Boitempo, 2018.]

MORE, H. «The Immortality of Soul». In: *A Collection of Several Philosophical Writings of Henry More*. Londres: J. Flesher, 1662.

_____. *Enchiridion Metaphysicum sive de rebus incorporeis*. Londres: E. Flesher, 1671.

NEWTON, I. *Philosophical Writings*. Cambridge: Cambridge University Press, 2004. [Ed. bras.: Newton, I. & Leibniz, G. W. *Os pensadores*. Trad. Carlos Lopes de Mattos *et al*. São Paulo: Abril Cultural, 1983.]

NICÉFORO. «Antirrheticus». In: *Patrologia Graeca*. Ed. J.-P. Migne, vol. 100.

PASQUALI, G. *Le lettere di Platone*. Florença: Le Monnier, 1938 (Sansoni, 1967).

PRADEAU, J.-F. «Être quelque part, occuper une place. Topos et khôra dans le *Timée*». *Les Études philosophiques*, vol. 3, 1995, pp. 375--400.

REGAZZONI, S. *Nel nome di Khôra. Da Derrida a Platone e al di là*. Gênova: Il Melangolo, 2008.

RIVAUD, A. «Introd.». In: Platão. *Timée, Critias*. Paris: Les Belles Lettres, 1963.

SALLIS, J. «Derniers Mots. Générosité et réserve». *Rev. de Met. et de Morale*, vol. I, n. 53, 2002.

SCHÜRMANN, R. *Le Principe d'anarchie. Heidegger et la question de l'agir*. Paris: Seuil, 1982 (Ed. italiana: *Dai principi all'anarchia. Essere e agire in Heidegger*. Trad. G. Carchia. Vicenza: Neri Pozza, 2019).

SHIBUYA, Katsumi. «Duns Scotus on 'Ultima realitas formae'». In: *G. D. Scoto. Studi e ricerche nel vii centenario della morte*. Roma: Antonianum, 2008.

SIGER DE BRABANT. *Quaestiones in tertium de anima*. Ed. B. Bazàn. Louvain/Paris: Publications Universitaires, 1972.

SIMPLÍCIO. *Simplicii in Aristotelis physicorum libros [...] commentaria*. Ed. H. Diels, I. Berolini, 1882.

STOCKS, J. L. «The Divided Line». *Classical Quarterly*, vol. V, 1911.

SUÁREZ, F. *Disputationes Metaphysicae*. In: *Opera omnia*, vol. XIV. Paris: Vivès, 1861.

TAGLIA, A. *Il concetto di pistis in Platone*. Roma: Le Lettere, 1998.

TEOFRASTO. *Metaphysique*. Ed. A. Laks e G. W. Most. Paris: Les Belles Lettres, 1993.

VALENTE, L. «Ens, unum, bonum. Elementi per una storia dei trascendentali in Boezio e nella tradizione boeziana del sec. XII». In: *Ad ingenii acuitionem. Studi in onore di A. Maierú*. Louvain, 2006.

VASILIU, A. *Du diaphane. Image,*

Milieu, Lumière dans la Pensée Antique et Medievale. Paris: Vrin, 1997.

VITTORINO, M. *Marius Victorinus, Traités théologiques sur la Trinité*. Ed. P. Henry e P. Hadot, vol. II. Paris: Cerf, 1980.

WASZINK, J. H. *Timaeus a Calcidio translatus commentarioque instructus*. Ed. J. H. Waszink. Londres/Leiden: Corpus Platonicun Medii Aevi, 1975.

WEIL, S. *Sur la science*. Paris: Gallimard, 1966.

WISNOVSKY, R. «Notes on Avicenna's Concept of Thingness». *Arabic Sciences and Philosophy*, vol. 10, 2000, pp. 181-221.

WOLFF, C. *Philosophia prima sive ontologia*. Frankfurt/Leipzig, 1736.

WOLTER, A. B. *The Transcendentals and their Function in the Metaphysics of Duns Scotus*. Nova York: St Bonaventure, 1946.

Índice onomástico

Addison, Joseph, 187
Adorno, Theodor Wiesengrund, 14, 24, 219
Agamben, Giorgio, 9, 48n, 52n, 102n, 163n, 216n, 219
Agostinho, Aurélio, santo, 33-4, 43, 56
Agrippa von Nettesheim, Heinrich Cornelius, 196
Alberto Magno, 89, 116
Alcebíades, 165
Alexandre de Afrodísia, 42, 116, 181, 219
al-Farabi, Abu Nasr Muhammad, 43
Amalrico de Bena, 169
Ambrósio, santo, 52
Anselmo de Canterbury, 55-9, 64, 219
Antístenes de Atenas, 86
Apuleio, 126
Áquila, 129
Aristippo, Enrico, 123
Aristóteles, 18, 22, 42, 44, 48, 85, 87, 89, 91-6, 125, 139-40, 142-3, 150, 153-4, 163, 175-83, 185, 194
Ast, Friedrich, 141
Augusto (Caius Iulius Caesar Octavianus), 31
Avendauth (Abraham Ibn Daud), 38
Averróis (Abū al-Walid Muḥammad ibn Ahmad Ibn Rushd), 98, 101
Avicena (Ibn Sina), 35, 37-40, 42-5, 47

Bardout, Jean-Christophe, 66, 219
Baumgarten, Alexander Gottlieb, 53, 219
Beatriz, 101
Benjamin, Walter, 24-7, 219
Benveniste, Émile, 78-9, 85-8, 15, 219
Bergson, Henri, 96-8, 219
Bernardo Silvestre, 127-8, 219
Boaventura de Bagnoregio, santo, 35
Boehm, Rudolf, 93, 219

Boécio, Anicio Manlio Torquato Severino, 92
Boulnois, Olivier, 41n, 45, 50, 219
Bradwardine, Thomas, 197-8, 219
Brenet, Jean-Baptiste, 102n, 219
Brisson, Luc, 141n, 219

Calcídio, 123-30,134, 147, 166, 169n, 181-2, 219
Cavalcanti, Guido, 102, 124
Chauvin, Étienne, 45-6
Cherniss, Harold Fredrik, 143
Cícero, Marco Túlio, 31, 123, 126-7, 139
Clarke, Samuel, 189-90, 195-6, 221
Conring, Hermann, 70
Cornelio Agrippa, ver Agrippa von Nettesheim, Heinrich Cornelius
Constantino v, Coprônimo, imperador do Oriente, 171
Courtine, Jean-François, 41, 219
Crítias, 123, 165
Crusius, Otto, 75

D'Alverny, Marie-Thérèse, 37, 47, 219
Dante Alighieri, 98-102, 123, 128-9
Davi de Dinant, 168-9, 219
Debord, Guy-Ernest, 16
De Cusa, Nicolau, 102-7, 220
De Rijk, Lambertus Marie, 90n, 220
Dercílidas, 143, 164
Derrida, Jacques, 136-8, 152n, 164, 220
Descartes, René, 49, 64-8, 70-1, 76, 136, 149, 161, 188, 200, 220
Desmaizeaux, Pierre, 76
Des Places, Édouard, 141
Diano, Carlo, 139, 147-8, 220
Dionísio de Siracusa, 19
Dörrie, Heinrich, 48
Duhem, Pierre, 154-5, 220
Duns Escoto, Giovanni, 45, 48

Egídio Romano, 100
El-Bizri, Nader, 161n, 220

Enrico di Gand (*lat.* Henricus de Gandavo), 40-1
Eros, divindade grega, 165
Espeusipo de Atenas, 143
Espinosa, Baruch, 61, 67-71, 73, 116, 190
Esposito, Costantino, 109n, 220
Estácio, Públio Papínio, 127
Êutiques, 92

Feuerbach, Ludwig Andreas, 77
Filopono, Giovanni, 143
Foucault, Michel, 21-2, 220
Francesco della Marca, 40, 220
Francesco di Meyronnes, 49
Friedländer, Paul, 164, 220
Fujisawa, Norio, 150-1, 220

Gassendi, Pierre, 76
Gaunilone, 57-9, 220
Gauvin, Joseph, 15n, 220
Gentile, Giovanni, 209
Gilson, Étienne, 47, 82, 220
Graham, Angus Charles, 44n, 220
Gregório de Nissa, santo, 49
Grosseteste, Roberto, 196-7, 220
Gundisalvi, Domenico (Domingo Gonzáles, Dominicus Gundissalinus), 38

Hadot, Pierre, 22, 223
Hamesse, Jacqueline, 35n, 220
Happ, Heinz, 143n, 221
Hegel, Georg Wilhelm Friedrich, 16-7, 20, 24, 77, 221
Heidegger, Martin, 32-3, 38, 106, 108, 118, 148-9, 157-62, 200, 203-4, 207-9, 217, 221
Heisenberg, Werner Karl, 84
Helie, Pierre, 90
Heráclito de Éfeso, 86, 157, 159, 162
Hermes, divindade grega, 94-5, 97
Hermócrates de Siracusa, 165
Hermódoro de Siracusa, 143
Hesíodo, 183
Hitler, Adolf, 157
Hölderlin, Friedrich, 121, 200, 221

Isar, Nicoletta, 170, 221

Jerônimo, santo, 139
Jesus Cristo, 171-2
João Evangelista, santo, 51
Jolivet, Jean, 42, 221
Jung, Carl Gustav, 166

Kant, Immanuel, 39, 60, 73-82, 84, 110-2, 114, 118-9, 148, 200, 203-17, 221
Klein, Robert, 17
Kordi, Sotiria, 170-1, 221

Lampert, Laurence, 165, 221
Leibniz, Gottfried Wilhelm von, 53-5, 67-8, 70-2, 101, 189-90, 195-6, 221
Leonardo da Vinci, 41
Leopardi, Giacomo, 13
Lizzini, Olga, 44, 221-2
Lombardo Radice, Giuseppe, 209
Lovejoy, Arthur O., 71n, 222
Lucrécio Caro, Tito, 30-1
Lutero, Martinho, 17

Madona, *ver* Virgem Maria
Majorana, Ettore, 84, 222
Marx, Karl, 13-4, 77, 222
Matelda, personagem dantesco, 129
Mathieu, Vittorio, 211-2, 221
Micraelius, Johannes (Johannes Lütkeschwager), 46
Moisés, personagem bíblico, 34
Montale, Eugenio, 127
More, Henry, 189, 192-3, 196-9, 222

Nancy, Jean-Luc, 211
Nestório, 92
Newton, Isaac, 187-93, 195-6, 198-9, 222
Nicéforo, 172, 222
Nicolau Cusano (*ou* Nicolau de Cusa; *lat.* Nicolaus Cusanus; *alemão* Nikolaus Chrypffs *ou* Krebs von Cues), *ver* De Cusa, Nicolau

O irrealizável

226

Odo (Oddone *ou* Odoardus) de Tournai, 51
Ósio, 123, 129

Parmênides de Eleia, 121, 177
Pasquali, Giorgio, 23, 222
Paulo de Tarso, santo, 17-8, 26, 169
Petrarca, Francesco, 123
Petrus Aureolus (Pierre d'Auriole), 50
Pico della Mirandola, Giovanni, conde de Concórdia, 123
Planeaux, Christopher, 165, 221
Platão, 19-24, 86-7, 89, 118, 121, 123-7, 130, 133, 135, 138-47, 149-52, 154-6, 162-6, 168-9, 171-2, 175-6, 178-81, 183, 191
Plauto, 30
Plotino, 42, 132, 139, 157
Porfírio, 132
Pradeau, Jean-François, 144-6, 222
Proclo de Constantinopla, 141-2, 164-6

Regazzoni, Simone, 138n, 222
Ritter, C., 164
Rivaud, Albert, 155, 164, 222

Sallis, John, 164, 222
Schürmann, Reiner, 162, 222
Shakespeare, William, 97
Siger de Brabant, 100, 222
Simmaco, 129
Simplício, 42, 139, 143, 181, 222
Siriano, 166
Sócrates, 23, 91, 94, 123, 135, 162, 165-6, 168-9, 180
Stocks, J. L., 135n, 222
Suárez, Francisco, 41, 53-4, 222

Taglia, Angelica, 135n, 222
Teofrasto, 144, 222
Timeu de Locri, 123-4, 130, 132-5, 151-2, 156, 162, 164-6
Tomás de Aquino, santo, 35-6, 59-60, 64
Tucídides, 140, 165

Valente, Luisa, 36n, 222
Varrão (Marcus Terentius Varro), 29
Vasiliu, Anca, 156, 222
Virgem Maria, 170, 172
Vittorino, Mario, 52, 222
von Moosburg, Berthold, 100

Waszink, Jan Hendrik, 129n, 223
Weil, Simone, 84, 223
Wisnovsky, Robert, 37, 223
Wittgenstein, Ludwig Josef, 86
Wolff, Christian, 53, 223
Wolter, Allan B., 48, 223

Zenão de Eleia, 168

Índice onomástico

Trotzdem

1. *Estrangeiros residentes*, Donatella Di Cesare
2. *Contra o mundo moderno*, Mark Sedgwick
3. *As novas faces do fascismo*, Enzo Traverso
4. *Cultura de direita*, Furio Jesi
5. *Punir*, Didier Fassin
6. *Teoria da classe inadequada*, Raffaele Alberto Ventura
7. *Classe*, Andrea Cavalletti
8. *Bruxas*, Mona Chollet
9. *Escola de aprendizes*, Marina Garcés
10. *Campos magnéticos*, Manuel Borja-Villel
11. *Filosofia do cuidado*, Boris Groys
12. *A esquerda não é woke*, Susan Neiman
13. *O irrealizável*, Giorgio Agamben

Dados Internacionais de Catalogação na Publicação (CIP)
(Câmara Brasileira do Livro, SP, Brasil)

Agamben, Giorgio
   O irrealizável : por uma política da ontologia /
Giorgio Agamben. -- Belo Horizonte, MG : Editora
Âyiné, 2024.

ISBN 978-65-5998-094-9

1. Estética 2. Filosofia 3. Metafísica I. Título.

24-203261   CDD-110

Índices para catálogo sistemático:
1. Metafísica : Filosofia 110
Eliane de Freitas Leite - Bibliotecária - CRB 8/8415

Composto em Patos,
fonte de Federico Paviani.
Belo Horizonte, 2024.